四神天地魔法書

你專屬的居家辦公風水創意學

FOUR
AUSPICIOUS
BEASTS

命理專家 雨揚老師／著

目錄

第三章
年運卜算：六十四卦年運重點解析

第四章
青龍玄武９＋９格局分析

前言 什麼是四神天地魔法書？

當與我同齡的女孩們還在玩扮家家酒的時候，我就開始研究命理了，當年我只有十四歲，被街坊鄰居稱爲「囝仔仙」。這並非是因爲我比較早熟，而是因爲我家徒四壁，只有一本面相書是我打發時間的唯一選擇。漸漸的，我發現命理這件事情，能改變人對於人生的想法，因此我從幫助鄰居開始漸漸知名，最後成爲人們口中的「老師」，這一路走來，我始終相信：「命」注定，但「運」能由我們努力經營，最終扭轉定局，迎來奇蹟。

改變運氣的方式很多，「風水」也是其中一項強而有力、短期內就能看見成效且改變有感的方式。

然而，有些朋友認爲，命運不是由與生俱來的八字決定嗎？風水爲何還能起作用呢？生命的每一刻都在變動，宇宙萬物瞬息萬變，也代表能量時刻在改變——能量是我們最捉摸不定的物質，但能量關係到的層面有許多。跟人的互動關係、影響事情成敗的關鍵、甚至是我們對自己的感受、自己與萬事萬物的關聯，都跟風水有關——風水年年都在改變，不懂得風水的變，將會無法掌握風水來創造好運關鍵。

風水太重要了，風水蘊含五行及造氣概念，只要布局到位，就能爲自己帶來許多調整。大家最在意的無非是「招財」、「前途事業」、「家庭關係」，基礎風水布局得好，確實能爲自身及整個家庭帶來諸多效益。然而，在傳統風水學上，確實存在著許多限制，例如格局、方位等，很多條件受限於現代人的居住選擇，這使得要幾乎完美符合傳統風水學的條件，機率微乎其微，難道沒有完美格局就不能打造理想的風水居家嗎？

這就是本書誕生的原因之一，因爲我要爲大家帶來一個全新的創意風水概念。多年來，我不斷思考，究竟要如何讓新生代的朋友們懂得風水命理進而能爲自己的生活帶來改變，故此我想出一套趣味風水學的布局，這套風水布局不必大費周章改變格局，只要巧妙運用測算出來的方位，就能結合天時、地利、人和，創造出專屬自己的旺運風水。

新書《四神天地魔法書：你專屬的居家辦公風水創意學》，在定書名的時候靈光一閃，恰巧這本書發行的時間爲龍年，「龍」正是四神之一，因此有了這個名稱。在我定下這本書的名字後，我身邊的晚輩跟我分享他們小時候看的青春少女漫《夢幻遊戲》，而串起故事線的重要關鍵便是「四神天地書」——女主角們爲了召喚神靈，成爲四神巫女，結合星宿之力，完成她們的奇幻旅程。這本書也許會勾起不少朋友們的青春回憶，但本書的內容與少女漫畫無關，如果你對四神有更多好奇，那麼本書非常適合你研讀！

《四神天地魔法書：你專屬的居家辦公風水創意學》是一本結合傳統風水學及新概念

「四神屬性」的風水測算布局攻略書，不但能帶你找出與自己對應的四神屬性，還有我獨家的八字測算，幫你找出你是對應四神之下的哪一位星宿，接著再用這些對應的內容找出最適合你的年度重點布局，讓你能測算兼解謎，玩出風水新樂趣，風水布局從此不再是老掉牙的無聊事，而是充滿樂趣的事情。

近幾年我一直致力推動「命理廣泛化」，希望各年齡層的讀者都能對各式命理更有興趣，特別希望以這完全不同的概念當作趣味風水入門，帶大家體驗風水的有趣之處。本書是我推動的風水叢書的入門版，先讓大家著重於「外風水」也就是辦公室、居家空間等日常活動最常接觸到的外部風水，讓讀者們對趣味風水更有興趣，再來關注「內在風水」，在此賣個關子，先不透露「內在風水」爲何，要一步步地布局，才能讓風水玩出新意！

本書將結合我獨家AI測算系統，打造出這本獨特的新概念趣味風水書。請把它當成你的獨家工具，不論是在居家、辦公室、出差、找飯店、教室找座位、咖啡廳找好位置的時候，都可以爲你所用。

這不只是一本普通的風水書，也不只是一本結合AI的趣味工具書，這是一本集結我四十多年來領悟出的「成功之路的風水布局書」，希望你能輕鬆幫自己打造出開運風水，引領自己過上想要的生活、創造喜歡的人生！

第1章

基礎陽宅格局健檢

什麼是風水？

「風水」一詞其實源自於墓地堪輿學——陽世住宅的布局，稱爲「陽宅堪輿」，隨著時代推進，漸漸地，「風水」取代了「陽宅」一詞。

風水到底是什麼呢？風水是一門科學，更是一部人類的進化史，是人類賴以維生的自然法則。風水看似簡單，其實蘊含著人類最重要的三大元素——陽光、空氣和水。好的風水必須具備通風良好、光線充足、良好的水源等要素，只是隨著時代的變遷及人口密度的急速增加，想要在現今的環境中找到好的風水寶地，實屬不易。

家是休養生息的地方，工作場所是除了家之外停留時間最長的地方，居家、辦公風水的好壞會影響一個人的身心健康，甚至直接或間接影響到我們的運勢，因此，居家、職場這兩個地方的風水布局若能做好，就可以補強外運，讓我們造運轉運。

居家環境的風水分爲「內在」和「外在」∴內在環境包括客廳、陽台、臥室、廚房、門窗大小、通風排氣、採光、室內動線及管線配置、燈光遠近及顏色等；外在環境包括居家附近的街道、溝渠，以及建築物的高低、外型、遠近等。

現代的陽宅學涵蓋了能量學、顏色學、建築學、設計學、環境學、五行學說及心理學等範疇，當居家環境或辦公場所違反這些科學常理，那就如同風水中所謂的「犯沖煞」，不僅會影響到磁場，進而減損你的工作運或家庭運勢，也會影響健康。

想要風生水起好運到，必要懂得善用老祖宗的經驗和智慧，只要爲自己的住宅或辦公室的格局做好基礎配置，就能透過正確布局，創造好的能量與磁場，讓你順應風水而如魚得水。

風水需要注意的眉角其實相當多，我濃縮了五項重點，讓你能快速精確地掌握與風水有關的要素。

啟動居家格局五大類健檢

一、前後陽台

有些房子有前後陽台，而現代居家的前走廊多半爲玄關。玄關是居家風水的第一道關卡，掌管全家對外的運勢，例如出外的表現、學業和前途的發展；後陽台代表暗財運、斜槓發展的可能性。不論家中格局擁有玄關還是後陽台，只要布局得當，就能讓你在職場上人氣滿分，而且出門見財，學業、事業一路貴人不間斷。

一起檢視格局中是否符合以下要素：

- □玄關或大門若正對家門，需有門簾遮蔽，方能阻擋煞氣。
- □玄關有鞋櫃，鞋櫃裡擺放整齊，並定期除臭、掛五帝錢，除穢化煞。
- □玄關要時常保持明亮，燈壞要及時修，或擺放鹽燈，象徵前途光明。
- □玄關放置招財植物，例如萬年青、發財樹、馬拉巴栗等，有助前途旺運。
- □後陽台種植真實的花草，並定期修整。
- □後陽台零雜物堆積，常保空氣清爽流通。
- □後陽台若無法照進陽光，可用鹽燈、藝術燈等常保明亮，不僅照亮前途，還能四方發達，處處有出路。

二、明廳暗堂

客廳和房間都是影響家運、感情運、職場運的關鍵所在。客廳必要明亮，象徵全家能團結同

陽台保持明亮清爽

心、同住者和樂溫馨，能凝聚感情與各方關係，促成多方好人緣；房間是重要的桃花貴人布局，然而，房間要與客廳相反，必須昏暗，一來能讓主人休息、放鬆得宜，二來暗也代表「暗中好運」，等於明處、暗處皆有貴人相助，臥房風水與人際關係、愛情運勢息息相關，布局得當能讓人際關係左右逢源、無往不利。

一起檢視格局中是否符合以下要素：

- □客廳採光充足，或光線明亮。
- □客廳擺設整齊，有鮮花、鮮果，象徵好人緣、好結果。
- □客廳格局方正，家具線條圓潤無稜角。
- □客廳用不到的家具、書報一定要定期出清，有進有出，好事、好運更能上門。
- □臥房光線柔和，窗簾夠遮光。
- □臥房床不對門，若對門需調整或有門簾阻擋沖煞。
- □臥房鏡子不宜大和多，鏡子不在床尾，以免驚嚇犯沖煞。
- □臥房必有床頭櫃，象徵前途貴運，能促成學習、工作上的各方貴人好運。

臥房以窗簾遮光，使光線柔和幽暗

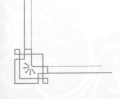

三、明財位

大門進門左邊及右邊四十五度角的位置，就屬明財位，是家中重要的聚財氣之位。明財位等同於家庭的「財運訊號基地台」，也是家中最主要的「聚財氣」角落。明財位與主人的正財運有關，若明財位布局得當、聚氣角落乾淨整潔，加薪、開財源、找工作、找機會都能事半功倍，存財更容易。

一起檢視格局中是否符合以下要素：

□進門後四十五度角的地方有牆或櫃子能創造聚氣專用的直角。

□明財位宜點燈，保持時刻有光，象徵財運持續發光。

□明財位宜擺擴香或點環香，香氣就是財氣，能擴大明財位的招財能量。

□明財位宜擺聚寶盆，陶瓷為佳，或可依適合主人的五行做材質挑選。

□定期幫聚寶盆換錢母、幫錢母充電，錢母能生錢子錢孫，讓財富相生。

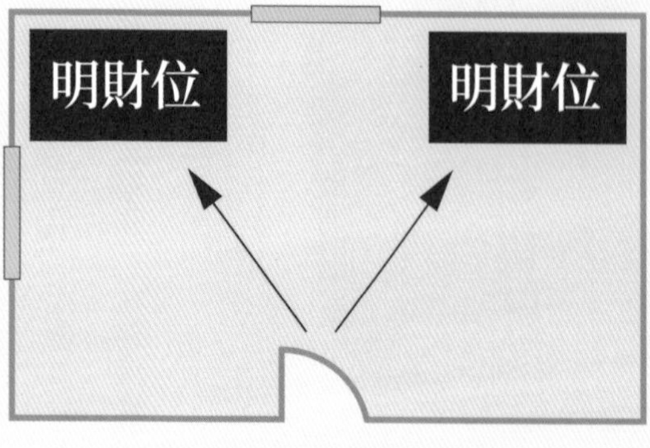

明財位即大門左、右兩邊45度角處

四、暗中生財

除了明財位的「正財好運」要布局，暗財運也是幫助家宅主人越賺越富的關鍵——家中必要布局的暗財位包含冰箱、米缸、梳妝台。

古代沒有冰箱，能享有「冰品」的人必是富貴之家。要晉升爲富貴之家，必要先顧好冰箱。冰箱過於老舊、食物太多、內部雜亂、冰箱上放置雜物等，都會使暗財運受阻，而且冰箱不能直對大門，否則代表「財露白」，易招致財損，也不要正對火爐，因爲五行相剋，這會影響到財運與家運。此外，冰箱就是冰櫃，諧音「賓貴」，家人就是我們的座上貴賓，顧好冰箱也能使家人、同住者之間的感情更加融洽。

米缸是現代人常忽略的暗財位，在古代風水中米缸很重要，因爲以前的俸祿是白米，關係著重要的食祿運。若家有米缸，不僅能增加食祿運，讓你衣食無虞，還有促進加薪好運的意義。

如果你是女性，梳妝台更是家中必需品。在古代，梳妝台是家中女主人的專屬「后座」，有梳妝台的女人就是在家有地位的人。因此，不管家裡再狹小，必要有屬於自己的化妝桌，這不僅能穩固女性地位，還能有利前途運勢與感情運，讓你成爲經濟自主的快樂女人。

一起檢視格局中是否符合以下要素：

☐冰箱乾淨，食物定期清理，裡面都是喜歡且有益健康的食物，象徵能賺歡喜財。

☐冰箱裡必放牛奶與雞蛋，牛奶象徵財水充足，雞蛋圓潤光滑，象徵前途光亮。

☐米缸必選陶瓷材質，米缸屬土，米屬金，能帶來土金相生的生財好運。

☐米缸上綁紅線與五帝錢，能帶來火、土、金五行相生的無盡招財好運。

☐梳妝台整潔乾淨，有照明燈，象徵點亮女主人的財運。

☐梳妝台必要有抽屜，抽屜內放五帝錢或招財符，能為女主人招來暗貴人、暗財運。

五、財路暢通

家中所有走道都關係著我們的升遷之路與財路，想要條條大路通財路，必須淨空所有走道上的雜物。許多人喜歡將網購包裹的紙箱、雜物、包包、衣物等隨意放置走道，造成行走時必須繞

梳妝台能為女主人招來各方好運

過雜物，甚至被雜物絆倒，這些都象徵前途、財路波折不斷，甫經得財，轉眼又財進財出。

必要養成隨手清理雜物、不在走道堆積雜物的習慣，讓所有物品都能找到自己的歸屬，待一切物有所歸，就能讓幸福回歸，輕鬆守住幸福。

一起檢視格局中是否符合以下要素：

- □大門通往客廳之路，一路暢通且無遮蔽物或雜物。
- □常保走道乾淨，走路能昂首闊步。
- □走道明亮，視線、動線皆明瞭，桌椅不影響走路動線。
- □地板漂亮無破損，象徵條條大路通財路。
- □走道若遇到梁柱阻擋，可在梁柱上吊掛葫蘆、八卦陣，化阻礙為福祿。
- □走道轉角若有鏡子、玻璃等能反射倒影之物，宜以布簾遮蔽，避免沖煞。

大門走道暢通無阻更能打開財路

健檢等級分析：

- □前後陽台布局要素符合四項（含）以上，得一分。
- □明廳暗堂布局要素符合四項（含）以上，得一分。
- □明財位布局要素符合三項（含）以上，得一分。
- □暗中生財布局要素符合三項（含）以上，得一分。
- □財路暢通布局要素符合三項（含）以上，得一分。

五大類基礎風水布局的總分達三分，那你的總體運勢屬於B+等級；布局總分達四分，那你的總體運勢屬於A等級；布局總分達五分，那你的總體運勢屬於A+等級。

B+等級以下的朋友，請不要就此放棄布局，若你的住宅空間無法符合上述布局要素，接下來的「幸福風水布局建議」就是你可以簡單掌握的大原則。

幸福風水布局建議

若要開創幸福人生，「家」就是你創造一切幸福泉源的根基，不管你擁有的是大空間、小空

間、豪宅或小宅，只要布局大原則有做到，必能創造生活小確幸，讓你時刻被風水嘉惠運勢。若剛好要搬家、租屋，也可以檢視新屋的格局是否符合以下原則，必能使你的生活因幸福風水而圓滿順遂。

幸福風水布局十守則：

1. **家宅空氣流通：**若無對外窗，可多開門，放循環扇，讓空氣能對流，好運能流通。
2. **格局方正：**這是家運昌盛的關鍵，若有不方正的空間，要盡量把它當儲物間，少停留與走動。
3. **玄關整潔：**在風水上，此處象徵事業、學業的出路，能帶來前途光明的好運，也能帶來貴人上門的好運。
4. **曲折有情：**這是一種風水上的設計，玄關到客廳之間的路線喜迴旋曲折，不僅能化解穿堂煞，又能引氣進財。若大門打開直沖客廳，可用屏風區隔，讓煞氣止步、好運進入。
5. **整潔旺運：**應定期打掃與重新收納，乾淨的家能創造好磁場，讓你桃花人緣運更佳。
6. **減少尖銳物：**仙人掌、帶刺的擺飾等越少越好，尖刺的磁場會帶來小人與破財事件，易使財福失守。
7. **家運光明：**室內要有充足的光線，因為家就是一個財庫，點亮財庫才能散發財運訊號，吸引好運、財運到你家。
8. **香氣創造財氣：**布局風水是為了聚氣造運，「氣」若要旺，可用香氛來「創氣」，因香氣的能量不只能影響屋主的心情，也能為空間創造不同氛圍與磁場，它能凝聚招財之氣，帶來好運。

9.創造靠山：書桌、辦公桌座位的背後盡量靠牆，象徵「背後有靠」，有靠山、貴人之意，能夠帶來事業和生活上的依靠。若座位後方靠窗、靠走道，則可在椅子或窗邊吊掛五帝錢化煞、穩固運勢，也可在椅子上放置靠枕，為自己創造「背後有靠」的好運。

10.暗藏貴氣：櫃子裡的收納務必整潔乾淨，因櫃子代表「貴運」，也代表「暗貴人、暗財運」，所以要定時幫櫃子內部斷捨離，只留下最喜歡、最常用的物品，此布局能聚氣、創造真正有助人生的暗貴人，讓他成為生活中的驚喜應援。

這世上沒有十全十美的布局，但若能達到七成以上的布局原則，必能使你在家、在外都能感受到好風水帶來的暗中助力。

有句話說「福地福人居」，能住到什麼樣的房子、空間，都是房子跟主人之間的緣分。但「福地福人居」這句話稍嫌被動，接下來我要爲這句話重新定義。

本書的創新重點，就是要告訴你如何找出自己的「福人」類型——只要以「走到哪都能是福人」爲目標，就能掌握「福氣特質」，爲自己調整出最適合居家、辦公風水的能量，並讓空間能量爲你服務，所有福氣爲你所用！

不論你是租屋族、宿舍族、小宅族，有了這本創意新概念風水書，你不必再受限於空間原有的布局，這本新的風水書就是你個人的風水魔法書，我將透過這本書分享我獨門的創意風水新概念，讓你「福人造福地」，走到哪都能因懂得布局專屬自己的風水方位而處處受惠。

進入下一章之前，請先依照隨書附贈的ＡＰＰ安裝步驟，登入ＡＰＰ，輸入你的資料，並帶著對這些資料的好奇進入下一章，讓我們一起探索「四神屬性」的趣味風水新概念吧！

透過布局，創造自己的福地

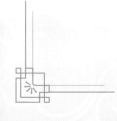

第2章

匯聚天時地利人和的新概念：四神與二十八星宿性格分析

什麼是四神？

早期的先人們認爲，飛禽走獸具備來自天地的力量，並將這些飛禽走獸結合天文或動植物的概念，以圖騰的形式刻在壁上，漸漸地又將這些圖騰裝飾在建築、族徽、衣飾或旗幟上，並賦予意涵，後續更演變成道教中的神祇。在遠古時代，古人將方位定義出東南西北，以及對應四方位的守護神獸——青龍、白虎、朱雀、玄武。

古書《三輔黃圖》中記載：「青龍、白虎、朱雀、玄武，天之四靈，以正四方，王者制宮闕殿閣取法焉。」意卽四大神獸爲鎭守天官的四神，能辟諸邪、調伏陰陽。

四神又稱天之四靈及四象。青龍在古書中也稱「蒼龍」，是天子的象徵、尊貴的代表，其形象爲鹿角麒麟首、面帶長鬚、蛇身、長滿鱗片、鯉魚尾，並有五爪，代表顏色爲青色，也是東方的守護神，象徵春天、木行能量、新生及生命力的延續；白虎在古書中象徵威武與軍事，與戰事、兵馬有關，富有驍勇善戰之意，常作爲軍隊的旗幟或兵符上的象徵，其形象是白色虎形，是西方的守護神，象徵秋天、金行能量、革新、創造；朱雀的原形來自「鳳凰」，但朱雀比鳳凰更爲尊貴，寓意爲生生不息的生命力及強大的正氣，能驅退邪氣，其形象是身覆紅色火焰的鳥形，是南方的守護神，象徵夏天、火行能量、蛻變與重生；玄武的圖騰形象是龍與龜的結合，而龜象徵長壽，對古人而言最重要的便是「妻、財、子、祿、壽」，壽命是極爲可貴且難以追求的財富，因此古代帝王爲求王權穩固，常將玄武圖騰製成玉珮隨身佩帶，以求長生不老，許多貴族也會將玄武圖騰繡於腰帶或刻成玉珮佩帶，以祈求長壽。祂也是北方的守護神，象徵冬天、水行能量、鎮守、平安。

四神的概念早已爲古人的智慧所用，在古代風水學中，四神被運用於磚瓦、雕刻等裝飾，其用途是鎮守家宅平安，凝聚空間正氣，以達到陰陽平衡之效。四神除了本身所代表的季節、元素和意涵，亦能帶來不同的能量：青龍能帶來繁榮昌盛和飛黃騰達；白虎能震懾妖邪，讓災厄遠離家宅或宮殿；朱雀能爲家宅帶來幸福和諧與添丁喜悅；玄武能鎮宅、穩固氣場，爲家族帶來勢力，並讓家族和諧團結。

在風水學中，古人也常以「四神相應」的風水地勢作爲家園選擇或墓穴的風水布局，這是因爲與四神能量相應的場域通常充滿祥瑞之氣，能帶旺後世子孫，一同享有由四神之氣帶來的綿延不絕的吉慶加惠能量。

什麼樣的格局才叫作四神相應呢？我常提到風水的一個口訣：「左青龍、右白虎、前朱雀、後玄武。」這也稱作「四靈山訣」，以背向房屋最大採光面的方向為基準，左方為青龍方，地勢要高，若靠山、甚至有群山環繞為佳；右方為白虎方，地勢要低於青龍方，宜為道路或平原，呈環抱狀為佳；前方為朱雀方，也叫明堂，宜為寬廣庭園；後方為玄武方，房屋後方宜靠山、不動。這樣的格局，不只顧及了自然環境與人的關係，更是力求與所有元素創造絕佳的平衡條件。

若能達到這些條件，你的前途定能平步青雲，貴人絡繹不絕，財源不斷湧入，後代綿延不絕。古代人丁稀少，較無人為競爭的困擾，而且天地靈氣更為強烈，若要找到類似的地勢比現代容易。現在因地形變化、土地開發等因素，加上寸土寸金，好的建案可遇不可求，更不可能隨意開發土地、自蓋住宅，因此，能符合四靈山訣條件的風水極少。

從事命理數十年，看了這麼多風水，鮮少有人的家宅能符合這樣的條件，唯有我所供養的蓮師寺院「陽明山蓮花雨」能罕見且幸運地符合四靈格局，可惜這是一座修身修心的寺院，並非住宅，但只要有人親臨陽明山蓮花雨，必會感受到那座寺院的能量，不僅令人身心特別舒適愉悅，環境清幽之餘，還讓人靈感豐沛，但凡去過蓮花雨閉關的人真的都住到捨不得離開。

雖然符合四神要訣的風水實在少之又少，但風水是可以因人而改變的，如果找不到相應的條件，那就應該主動創造條件，因為主動開運才能掌握好運。

風水之中最重要的關鍵是——「人」。先了解自己是什麼樣的人、適合住在什麼樣的地方，以及哪些方位能順應自己的性格與需求，方能正確加強布局，幫助自己身心加分，並且事業、感情、財運都一起穩穩得分——這會比選擇四靈山訣的家宅物件更符合現代人的需求。

接下來，我將分享如何重新應用四神概念，讓風水不只是風水，而是嶄新概念的生活哲學！

四神一生重點：你是哪一種四神屬性？

當你深入挖掘自身的本質，你就能從自己的特點著手，讓風水順應你的特質，幫你「造氣旺運」。那些能夠全面了解自身特質的人，無論是在生活、工作、感情、財富或家庭運勢上，都能更明確地找到前行的方向，並創造出屬於自己的夢想生活。如果能藉風水布局的力量，找到強化優勢的方法，就等同讓自己住在一個不斷聚集財富的「聚寶盆」中，你就是聚寶盆的核心，所有的工作、機會、財富和資源將因你的存在匯聚而來，你將不斷汲取新能量，讓自己永遠充滿活力，還能吸引源源不絕的好運到來。

現在就是你再次認識自己、發現自己獨特之處的黃金時機。透過這段深入的探索，你將更加全面地掌握自己的本質。你可以把這些「屬性」當作一把鑰匙，這把鑰匙能幫你打開一扇門，讓你通往更加了解自己的新世界——它是一種能幫助你辨識類別的方法，例如「美國人」、「日本人」或「中國人」，這樣的分類有助於我們快速掌握個性特點、興趣和他人眼中的自己。

了解自己的屬性就像解密自己的「生命藍圖」，它揭示了你是何種人，提醒你應該如何找到正確的生活方向。當你活出自己真實的模樣，並且避免從事那些與自己的本質不符的事情時，你將少走很多冤枉路，讓你有更多時間打造更多新的可能。

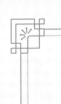

除了深化自我認知，你也可以引導身邊的人一同探索，因爲每個人都應該選擇最適合自己的生活方式，這樣他們才能最大程度地發揮自己的價值，並從中得到眞正的成就感，享受成功帶來的喜悅。

接下來，我將爲大家介紹四神的特質，我把四神概念延伸爲四大類型，並透過生辰八字進行分析，讓每個人都能找到對應的四神屬性。人很容易因爲挫折或外境打壓便畫地自限，不知道自己其實蘊藏無窮無盡的智慧及力量，正是因爲不了解自己的特質及正確努力的方法，因而沒能活出更好版本的自己，也錯失實現豐盛生活的機會。四神屬性除了能讓你優先掌握自己的內在屬性，還能協助你找到人生目標，讓未來規劃更有意義，也更容易落實。

別以爲你已經活出你的極限！透過了解自己的四神屬性，你將會發現原來你能突破原始設定的天花板，活出沒有極限的自己，並且讓沒有極限的自己營造出好運無限的人生，你將明白原來宇宙送給你的原廠設定是如此地珍貴驚奇，而且充滿意義！

現在，請拿出你的手機，打開我們特別爲這本書設計的運算APP，輸入你的生辰八字，一起探索你的四神屬性，讓你善用特質，創造光明燦爛的未來！

青龍屬性

特質

具備強大的野心與膽識，對安逸平淡的生活毫無興趣，總是追求極限挑戰和不斷的自我突破。天生具有領袖氣質和獨特眼光，能夠迅速吸引並帶領他人，是開創潮流的先鋒，也是時代的引領者。擁有獨特的思維，充滿創造力，辯才無礙，這使你們在各種社交和專業場合都能夠游刃有餘。你們有著孩子般的頑皮和好奇心，能爲身邊的人增添許多樂趣和活力。你是眞正的人生冒險家，永遠在追求更高的目標，始終在突破自我的道路上前進。

優點

青龍屬性的人在社交場合中魅力非凡，善於運用心理戰術獲得他人信任，並具有卓越的語言表達能力。你們能迅速識別機會和風險，果斷行動，有效達成目標。擁有敏銳的觀察力和創造力，能從不同角度思考問題，提出創新的解決方案。

缺點

青龍屬性的朋友，容易爲了成功而選擇高風險策略，然而，過於追求個人成就可能會損害團隊合作的氛圍，導致合作關係破裂。要留意自信與自負就在一線間，若過度固執，將會影響到自己的信用，以致陷入困境中。

人生目標

對燦爛人生有高度追求與期許，是偉大的夢想家，期望透過夢想的渲染來引起他人的共鳴，從而得到更多權力與地位，實踐「化不可能爲可能」的奇蹟。

白虎屬性

特質

極具靈敏、聰穎與智慧。心胸寬廣，能與不同價值觀的人來往，並保持友善、親和的態度。能靈活處理自己及他人的情緒，甚至善於攏絡人心，使得社交圈能在必要時發揮關鍵作用。平時能動能靜，擁有源源不絕的活力、改革能力與創造力，渴望不斷學習與探索，因此會不斷提升自己的眼界，企圖找到更多新樂趣。總是樂於與他人溝通，可單打獨鬥又可並肩作戰，在合作中往往能擔任軍師的角色。

優點

面對挑戰時，能以客觀角度評析問題所在，並以不同的方法進行疑難排解，充分展現自身的靈活性和創造力，是團隊中最冷靜俐落的軍師，有謀略又具備執行力。不

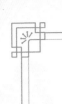

僅有深思熟慮的謀略，還具備堅定的執行力，能夠引導團隊克服困難，成爲促成人和的關鍵角色。

缺點

習慣每件事都分析和思考，因過度沉浸在思考的世界中，所以容易猶豫不決，有時也會過分相信自己的判斷，不願意採信他人的看法，導致團隊合作時可能顯得比較專制，難以接受意見，讓人感覺牽扯到工作時會有「專業傲慢」與冷漠。

人生目標

認爲知識就是力量，期望提高社會對知識、文化與眞理的關注與認知，並期望以自身觀點引起眾人的認同與追隨。

朱雀屬性

特質

擁有過人的勇氣、膽識、正義感和騎士精神。心地柔軟善良，擁有高度同理心，能善意回應他人的情緒與需求，尊崇人道主義，樂於服務，重視誠信價值，能爲他人保守祕密，一生謹守愛與信任及榮譽，能爲他人挺身而出，並樂於接受挑戰。在團隊中往往擔任精神指標，也是大家心中的精神領袖，正義感和責任心使你們在面對挑戰時更加堅定和果斷。喜愛製造生活回憶，易爲情動容與爲情所困。

優點

面對艱困環境能越挫越勇及激發潛能，擁有極高的抗壓能力和堅忍不拔的精神，能夠迅速做出抉擇與行動。在團隊中易爲先鋒，負責引領衆人前進，能爲他人帶來鼓舞的力量，強大的包容心讓再敵對的關係都能被你軟化，具備令人折服的高貴氣度，如同暖陽一般，永遠閃亮而溫暖。

缺點

熱血性格與強烈的正義感有時會讓你們誤將挑釁視爲挑戰，因而出現過於激動和衝動的舉動，甚至不顧後果地推進自己的想法。盲目熱血而產生的自信，將會導致重要時刻忽視他人的意見和建議，從而陷入不必要的困境。同理心雖然豐富，但也可能因過度同情而造成情感上的壓力，有時甚至會在壓力下變得情緒化，這不僅影響了決策的客觀性，還可能導致團隊的關係變得緊張。

人生目標

心中懷抱讓公平正義存在世界每個角落的大愛，期望透過身體力行與影響他人，讓每個人都能重拾愛與包容，實現世界大同的美好願景。

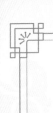

玄武屬性

特質

在群體中是目光犀利的觀察者，擅長不動聲色地觀察與記錄，對於他人的需求和偏好瞭如指掌。不僅會優先設想他人的需求，更能在危機時刻提供關鍵的解決方案。堅守同甘共苦的精神，玄武屬性的朋友是即使在逆境中也會挺身而出的戰士，忠誠和堅韌的態度能爲你們贏得尊重，也使你們成爲團隊中不可或缺的核心力量。不流於空想，向來秉持坐而言不如起而行的精神，喜歡身體力行，認爲實做比空想更重要，是敢做敢當、令人敬重的實踐家。

優點

在團隊中宛如沉穩的領航員，會在必要時刻展現其堅毅的意志。常把他人的需求視爲己任，不僅在言談中提供支持，在行動上更是堅定可靠的後盾。這種「犧牲小我，成就大我」的態度，使得玄武屬性的朋友成爲衆人眼中的最佳避風港，無論何時都能給予最穩固的依靠。

缺點

過度謹慎，導致決策遲緩，猶豫不決有時會使機會溜走。由於過分重視風險，可能會錯失創新和改革的契機，導致錯失競爭力。面對改變的適應能力相對較弱，這在快速變化的環境中可能成爲障礙。你的謹慎有時也可能被誤解爲消極或缺乏激情，從而影響人際關係和事業發展的潛力。

人生目標

期望創建和諧穩健的世界，帶動社會正向風氣與發展，讓誠信與堅持的原則深植他人心中，成爲每個人的深遠共識。

四神屬性帶來的「尋寶地圖」，能幫助你走上更深層的尋寶之路。掌握自己的四神特質，便能讓原本以爲平凡無奇的黝黑碳石有機會成爲閃閃發光的鑽石，更有助你營造健康生活圈，迎接和諧美滿的人際關係。

四神屬性只是初步的探索，接下來將引導你透過四神，連結你內在的更多寶藏！

創意風水新概念：從四神看造氣重點

在傳統風水學上，非常強調房子原先的格局，現代人的家有諸多不便更動的因素，例如與人同住的空間、小套房、宿舍等受限於金錢、環境等要素，讓風水布局變得困難重重。風水最大的重點就是要藉由聚氣來催旺運勢，這也代表如果格局上不允許隨意換置，就無法透過風水來幫助我們的生活順風順水。

在這本要教大家如何集天地旺氣、人和之力來促成最大好運値的創意風水書中，要提出一個嶄新概念：從四神屬性來看每個人眞正的風水造氣重點。

不必大費周章改動格局，只要能抓住造氣重點，就能成功聚氣催運，打造專屬的好運空間。之所以特別強調風水應從每個人的特性去著手布局，那是因爲每個人都是「福人」，因此以「福人」爲基礎，打造出「福人居福地」的觀念——先了解每種「福人」在風水上布局聚氣能帶來何種助力，你將會更明白布局的重要性。

在前一章節，我們已經透過互動式APP的測算，找出自己的四神屬性，接下來我要說明四神屬性的造氣重點爲何——了解分析結果，能讓你的布局目的更加明確。

青龍屬性者／造氣重點：多一點金屬擺設

青龍屬性的朋友，是夢想家，對未來充滿理想與信心，內心存在許多想冒險、挑戰的想法，然而競爭中，不只比運氣，更需要謀略與穩定性。

若能在居家擺設上多一點跟金屬或金行有關的物件，則能讓你既有競爭力又有貴人好運，爲成功多添幾分機運。

白虎屬性者／造氣重點：點蠟燭

白虎屬性的朋友，是幕僚型的人才，要能跟大人物、業界翹楚一同奔馳戰場，必要內有學養與才幹，才能讓你的談吐受到青睞。

在學習上多下點功夫是必然，爲了增進學習環境，可多點蠟燭，或是擺放火行相關的物件，能讓你更有上進心，激發學習力，超越每一天的自己，使你有才華又有運勢能創造未來。

朱雀屬性者／造氣重點：養魚或水耕植物

朱雀屬性的朋友，是精神導師般的領導型人才，魅力和社交力都是你的超能力，必要讓自己具備「信服力」，才能讓所有接觸你的人都願意與你合作或爲你效力。

適合在空間中養魚或養水耕植物，能幫助你硬實力、軟實力兼備，人際關係更能如魚得水，使你自身的優勢結合外部運勢，成就你邁向巔峰的機會。

玄武屬性者／造氣重點：室內植栽

玄武屬性的朋友，是善於執行的實踐家，意志堅強、行動力強大，但有時過於剛毅，不善表達自我，若能在溝通表達上多一點彈性和感性，有助你提高你的創造力和應變力。

適合在空間中養綠葉植物，能幫助你提高靈活性，思考上能獲得更多創意想法，讓你有執行力又有協調力，還能具備號召力，協助你拓展人緣，讓人緣成爲你最佳後援。

我的互動式APP皆會爲每一位朋友測算四神屬性的年度造氣方位，讓你的必要好運能透過四神專屬的造氣重點來加分，但在進入風水布局前，我將提供一個更好玩的新概念：二十八星宿性格分析。

這個二十八星宿性格分析是我獨創的趣味算命分析，主要以你的四神屬性再去細分出你是對應四神之下的哪一個星宿，你可以從對應的星宿中找到更多屬於自己的人生指南，你也能依照這個指南找到自己的天生幸運方——這個天生幸運方是你能觸發更多好運的方位。

風水的概念不只能應用在空間、住宅中，整個土地上的萬事萬物皆能套用此一準則。更外部的環境我們無法改動，但天生幸運方就好比在外部的天生聚氣之位，這就像是知道幸運之神、財富之神坐落在哪個位置，而你能透過天生幸運方的方位往那處找去，例如往天生幸運方的方位去找有緣的公司、學校、住家、能促成愛情好運的約會地點等，或者喜歡的廟宇、公園等，越往天生幸運方活動，越能受到天生幸運方的影響，帶給你意外收穫。

一起透過互動式APP的指示，對應書中的二十八星宿解析吧！

暗藏在星宿中的幸運因子

每一種四神屬性皆會對應七個星宿，一共有二十八星宿，意即有二十八種細緻的人格分類。

這是一套全新的命理工具，我將我多年受命理薰陶所得到的啟發，用來規劃二十八星宿的測算系統，讓算命變得更加有趣——透過這些測算，能幫助你更深入地了解自己。

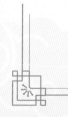

二十八星宿就像是你的靈魂形象，透過這些測算及分析，你將更明白自己該為何而努力、往何處前進，活出專屬你的對應星宿的鮮明形象，成為自己喜歡的自己。

在進入二十八星宿的介紹以前，必要先了解二十八星宿對應的意義。古人沒有日曆，過去二十八星宿被古人當成觀星計日的工具，因此二十八星宿以每七個為一個周期進行劃分，並又賦予「日、月、火、水、木、金、土」，稱為七政，又稱做七星。七星代表一個循環周期，古人也將這七星當成是周期象徵，例如「日曜」為周期的第一天，「土曜」為周期最後一天，以此排序，讓七天成為一個循環。你可以把「日」對應成周日，「月」對應周一，「火」對應周二，「水」對應周三，「木」對應周四，「金」對應周五，「土」對應周六。這個概念早已從中國唐朝傳入日本，日文的星期對照也與七曜符合，若你對日文有些概念，在使用這個對應概念時必能更加熟悉。

每個星宿都會有對應的七曜，若遇到所屬星宿對應的七曜日，例如對應星宿是危宿，代表危月燕，那就表示周一是你的「力量日」（天生幸運日），將是你專注力、思考力、理解力、幸運值最高漲的一天。因此，一周必有一日是你絕對不容錯過、必須加強把握之日，若每周有些重要的例行公事，不妨放在你的「力量日」，不只能帶給你非同凡響的幸運，還能加成馬到成功的好運。

二十八星宿的性格解析是我以星星特質加以延伸而出的內容，我將逐一分析每一個星宿的個性特質、人生方向，以及天生幸運方、天生幸運日，這些內容都有助於了解自己的幸運因子，幫助自己簡單趨吉避凶，例如：個性特質能幫助你找到可以培養的潛能；人生方向能幫你找到合適的工作；天生幸運方可以是你平常多走動的方向；天生幸運日代表你的力量日，能加成馬到成功的運勢。

多方布局，就等於多灑幾顆幸運的種子，有朝一日必能等到幸運發芽，讓好運處處萌發！

二十八星宿的人生使用說明書

個性特質：

角宿的人總是散發一號表情的冰冷感，然而，你卻能對自己眞正關心的人事物展現眞正的情感和表情。平時沒什麼耐心，只能把耐心保留給眞正可貴的人，能被你以眞實情緒相待的人，在你心中都是眞正可信的人。

你是解決問題的專家，遇到問題時喜歡快狠準地對症下藥，享受單打獨鬥的樂趣，因爲你不喜歡被人情牽絆左右你的決定。你很有競爭的野心，樂於挑戰有些變化的事情，若能跟積極的對象共事，將讓你感受到工作的動力及歸屬感——只要樂於保持變動的狀態，你將比他人更具競爭的優勢。

角宿的人喜歡速戰速決，如果在同一個領域遭遇兩次以上的失敗，就容易使你信心受挫，因而提前放棄。建議你遇到困難時，最好重新回到初心，記起自己非達成目標不可的決心，以免前功盡棄。

人生方向：

因喜歡挑戰及受人矚目的事物，但又不喜歡盲從，只喜歡一些特別的項目，因此很適合學習非主流的才藝或技術，能因本身鬥志強烈，使你成爲該領域的翹楚。因你具備優於常人的冷靜與謀略，所以也很適合從事金融業的新創部門、商業管理、法律、運動科學或軍警、消防等有挑戰的工作。若從事一般文書、行政等作業，你也能找到聰明的辦法，將所有工作化繁爲簡——你懂得借力使力，讓自己輕鬆達標。

天生幸運方：東北

天生幸運日：星期四

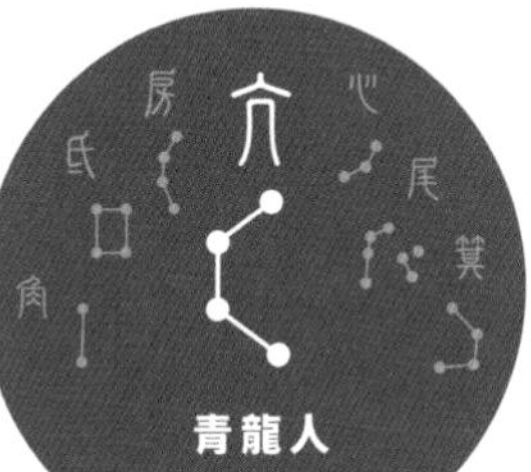

亢宿

個性特質：

亢宿的人總是隨時充滿活力，就像一顆電量飽滿的電池，渾身帶勁。亢宿的「亢」代表高亢，高亢是你給人最鮮明的印象，這項特色主要表現在兩個地方：第一個是聲音，你的聲音相當有特色，可能是很響亮，或者是能唱出很廣的音域，也有可能是聲音相當好聽；第二個是情緒，你很容易感動或生氣，並且會大聲抒發你內心的想法，感情相當豐沛，是個藏不住情緒的人，總是眞情流露，可說是性情中人。然而，容易動容也代表容易感情用事，這是你人生最大的課題，要慎防遭人利用感情。你的聲音及情緒充滿渲染力，常常引起周遭朋友的共鳴，若能發揮此專長，定能成爲人群中的意見領袖或發聲筒。

人生方向：

亢宿的人有一種獨特的使命感，那就是表達個人理念——你希望透過自己的言行舉止，向世界表達你的存在意義及信仰價值。因此，你非常適合從事需要表達和宣傳理念的工作，例如演說家、演員、創作者、教育家、行銷公關或從事政治活動。在人群中，你總是能侃侃而談或大方表達自己的想法，若能將你的能量發展在公益事物上，將能引起更多人對公益的熱情和關注，讓身旁的人也成爲樂於關心和付出行動改變社會的人。

天生幸運方：東南

天生幸運日：星期五

氐宿

個性特質：

氐宿的人天生具有一顆純樸的心，面對任何事物都能保持一種初生之犢不畏虎的純真，因此有時也有「傻人有傻福」的好運。你具備沒有分別心的特質，能包容各種立場的聲音，使得你的交友圈很廣闊，也能時常融入不同的團體。在人際互動上，「眞誠」是你最強大的魅力，總是無意間讓人爲你傾倒。

你胸懷大志，總是懷抱一些驚人的夢想，期望能爲世界做出改變。然而，即便你總是表現出「我願意付出」的樣子，內心深處仍然渴望得到外界的認同，容易爲了得到他人的認同而做出過度的努力和付出，以致有過勞危機——「能量供需不平衡」是你最大的人生課題，須嚴加愼防，以免身心耗竭。

人生方向：

氐宿的人是夢想家，喜歡遠大宏偉的目標，偉人傳記能帶給你不少正面啟發和思考，多閱讀能爲你帶來各種哲學思辨，也能令你保持在身心平衡的狀態。你的夢想就是希望世界和平，這使你熱衷參與公益活動，期望能帶來正面影響，因此很適合從事醫療、教育、宗教、藝術等跟療癒有關的領域。

天生幸運方：東南

天生幸運日：星期六

房宿

個性特質：

房宿的人天生外表和氣，散發一種人人好的感覺，實則相當精明聰慧，時刻評斷來到眼前的人是否值得花時間、精力與之交際。

平時都表現出一副悠哉的樣子，實則對學習充滿熱情，擁有「學富五車」的博學特質。你熱愛探索新知，不喜歡跟風起舞，喜歡按照自己的步調生活和工作，因此散發一種優雅貴氣。

你在生活中經常展現出精打細算的一面，任何事都在意合理性、效益和公平，然而，凡事沒有絕對的公平與合理，過度在意會讓人覺得你斤斤計較，偶爾也要多一點隨性，能讓你在家人與朋友之間的評價更動聽。

人生方向：

房宿的人在數理邏輯、哲學邏輯、金融等領域都有出色的表現。你的敏銳觀察和分析能力使你在金融業和新創產業如魚得水，具有很高的發展潛力，再加上天生有管理與統籌的能力，年輕時通常是大老闆、企業家的左右手，只要格局與心胸夠寬廣，未來必成創業家。

天生幸運方：東北

天生幸運日：星期日

心宿

個性特質：

心宿的人情感豐沛且活力四射，雖然第一眼見到你時，通常只能看到你冰冷的保護色，但只要跟你再熟識一些，便能感覺到你充滿熱情，能在任何人面前侃侃而談，展現活潑大方的一面。你是個只說眞話的人，所以向來心直口快的你講話總是過於直接，對你不了解的人會覺得你言詞魯莽。你時常熱心助人，但有時過於主動，可能會忽略其他人的感受或眞實需求，導致無意中被誤解，以致困擾不斷。卽便你有時太過草率，但你仍然受到許多人的歡迎，因爲你的眞誠和良善是你身上藏不住的光芒。

人生方向：

心宿的人天生善於交際和溝通。你很有耐心傾聽他人的意見，也樂於和他人交流，這使得你能輕易地與陌生人快速建立連結，也容易與身邊的人有深厚情感。你善於觀察，同時也會默默記下別人的習慣，這種細緻的舉動使你在人際往來中有著得天獨厚的優勢。

在職涯方面，你相當適合選擇需要與人互動的工作，例如公關、業務、仲介、經紀人或客服等，這些工作能充分展現你的交際長才。

天生幸運方：東方

天生幸運日：星期一

尾宿

個性特質：

尾宿的人天生聰明俐落又冷靜，你擁有敏銳的洞察力和應變能力，善於隱藏自己的情緒，也能在短時間內洞察出他人話語中的意圖，這使你在談判的場合中往往是具備優勢的一方，能夠迅速評估局勢和做出決策。你不喜歡衝突，也不想明目張膽地表現出你的強勢，然而，你的聰明是帶有心機的，常常思考怎麼在複雜的局勢中保護自己的權益，並且懂得策劃和布局，使自己在各種情境中都能全身而退、保有最大利益。雖然這讓人覺得你有些勢利和自私，卻也賦予你在商場上成爲贏家的條件。

人生方向：

尾宿比同齡的人更早開始研究和探索致富的方法，你認爲讓資產持續成長能讓周遭的人對你抱有敬畏的態度，你天生具備商業頭腦，對於能帶來商機和利益的事情擁有極高的敏感度，相當適合金融產業、創投產業、新創科技等走在時代尖端的領域。

你深知成功的價值，也堅信地位能帶給你眞正的榮耀。然而，過於在意地位與利益會使你與他人產生距離感，讓你常有高處不勝寒的感嘆。

天生幸運方：東方

天生幸運日：星期二

箕宿

個性特質：

箕宿的人是天生的表演者。你很在意周遭的反應，而你想要時刻抓住大家的目光，因此你會極盡所能地運用你的才華讓大家都能注意你，甚至因你的舉動而哈哈大笑。你很容易在藝術上有所造詣，更擁有一種吸引人的魅力——不僅是才藝上的表現，你口齒伶俐，妙語如珠，表達間帶有犀利且具突破性的見解，經常能在人群中引起共鳴，甚至引領思考的風潮。

這使得你在各種場合都能夠發揮領袖魅力，成爲衆人的焦點，但也容易捲入口舌之爭，因爲你直白的言談有時會得罪人，甚至因失言而引起風波。

人生方向：

箕宿的人像是天生自帶光芒，往往能成爲家庭或學校中最爲出衆的存在，你的一舉一動都能受到他人的關注和讚賞，這給了你巨大的自信和動力，這種關注不僅能夠激發你更高的創作慾望，也容易讓你從事跟表達、表演相關的工作，例如脫口秀演員、演說家或任何需要魅力和表達能力的職業。然而，你也需要留意這種持續的關注所帶來的負面效應，例如過度的自信可能導致困境或誤判。

天生幸運方：東方

天生幸運日：星期三

奎宿

個性特質：

奎宿的人給人一種與生俱來的威嚴，就像是擁有一股不可逆的王者氣息。你從小就有一種不由分說的霸氣，使得周圍的人都不敢輕易挑戰或冒犯你，而你堅韌的外在下其實隱藏著冷靜且敏銳的洞察力。你學習能力驚人，而且擁有強烈的正義感，一旦看到不公平或欺壓弱小的情況，你總是第一個挺身而出、維護正義，但這種過於堅持原則和秩序的性格有時會給人過於嚴格的感受，使你在某些情境中可能表現得太過強勢。你必須留意這種過度的責任感和正義感，以免讓自己承受過多不必要的壓力和疲憊，進而影響健康和家庭。

人生方向：

奎宿的人對於規律和紀律有著高度的尊重。你認爲身邊一切人事物都應符合某一種秩序，因此你特別適合在制度明確的公司工作。無論是公家機關、學術單位、大型企業，還是軍警、法醫等領域，都很適合你。你相當重視自我提升，認爲進修和考試是證明自己能力的最好方式，因此待在有固定考核的單位能帶給你成就感，以及時刻上進的動力。

天生幸運方：西北

天生幸運日：星期四

婁宿

個性特質：

婁宿的人天生帶有一種親和力，這讓你在人群中總是倍受喜愛。你的性格和善、順從，極具服務精神，相當討喜，這也使你從小就受到長輩和師長的青睞。你熱愛社交，對於團體活動充滿熱情，喜愛結交朋友，總能在人群中找到自己的位置。然而，這種依賴群體的性格也讓你在面對選擇時顯得欠缺主見，容易遵從他人的指示。這種特質雖然使你在群體中更受歡迎，但也容易成爲他人利用的工具，因此你必須學會保護自己，避免受到不良影響。

人生方向：

婁宿的人充滿好奇心，對於創新技術、藝術和科技都抱持著濃厚的興趣。你雖然不是天生的領導者，但絕對是團隊中不可或缺的成員。你能帶給團隊穩定的動力，能幫助周遭的人更具向心力與凝聚力，你是大家維繫情感的好幫手，任何人都能跟你成爲好朋友。因此，你在需要高度合作、要求團隊精神的職場都能發揮所長，例如社福單位、程式設計師、專業技師或樂團、教育團隊。

天生幸運方：西北

天生幸運日：星期五

胃宿

個性特質：

胃宿的人不論是外表或散發出來的氣息，總是給人一種強勢、不容忽視的印象。你好惡分明，決策迅速，無論身處何處，都能冷靜俐落地處理事情。這種果斷的特質，有時會讓人感覺侵略性太強，似乎不夠圓滑。你追求完美，對自己和他人都有著極高的標準。在群體中，你天生具有管理和指揮的才能，但也因此容易讓你有些驕傲，這種驕傲可能會使你在人際關係上出現誤判，因此你需要時刻提醒自己，避免因驕傲失去珍貴情誼。

人生方向：

胃宿的人對於美的事物有著獨特的敏感度和高水準的品味，無論是時尚、美食還是藝術都能迅速捕捉其精髓，適合從事與時尚、奢侈品、精美、高端路線有關的產業，再加上你嚴謹的性格，這讓你可能出社會沒多久便能在職場上平步青雲、處於有利位置。越有競爭力的環境越適合你，不僅能激發你的潛能，也是你展現自己實力的最佳方式。

天生幸運方：西方

天生幸運日：星期六

昴宿

個性特質：

昴宿的人從小就散發一股肅殺氣勢，因爲你是急性子，所以總是希望能搶占先機，略居領先的地位——獨樹一格的行事作風往往被評價爲「不合群」或「特立獨行」。實際上，你並非不喜歡群體，只是不願意被他人拖慢腳步。你樂於站在前沿探索和開創，同時也願意和他人分享你蒐集到的情報和知識。對不了解你的人來說，你可能看起來相當蠻橫和專制，但實際上你充滿熱情。要留意的是，這樣的個性有時會讓你的行爲太過衝動，需多加小心，避免做出後悔的選擇。

人生方向：

昴宿的人喜歡表達意見，因此在文字創意方面有著出奇的敏銳度，你深深地被創意、文學和設計所吸引，這使你非常適合從事與創意、文案和設計相關的行業，例如廣告、攝影和媒體、新聞業等。在這些領域中，你不僅能夠發揮自己的才華，而且經常能成爲引領潮流的人物。你的自信和獨特的見解使你容易成爲團體中的發言人，而且是那種能引領他人的存在。

天生幸運方：西方

天生幸運日：星期日

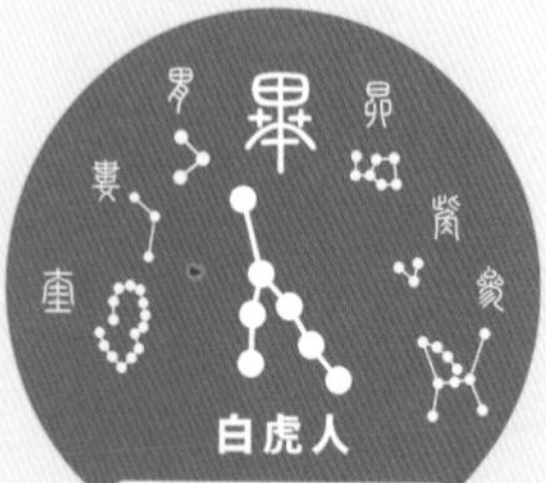

畢宿

個性特質：

畢宿的人擁有一種獨特的柔和氣質，彷彿天生就能與任何人和諧相處。心思敏感，容易觀察到其他人的心情和變化。你對於那些看起來可愛或需要幫助的事物總是無法抗拒，你心地柔軟且容易被打動，同理心極強。「助人爲快樂之本」是你的內在精神，只要有人求助，你必定樂於伸出援手。你不喜歡過於高調的作風，渴望低調且寧靜的生活。

家人對你來說是最爲重要的存在，你與家人之間的深厚情感難以割捨，因此，你很難不受到家人的影響，從而身陷情感或金錢的拉扯——易被情勒是你最大的罩門。

人生方向：

若從事祕書、文書類、企劃類或顧問類等工作，你的敏感和覺察力使你能在相關領域中表現出色。由於你對家族的高度重視，如果祖上或配偶的家族有家族企業，你可能因使命感而投身其中。然而，你的細心和對家庭的濃厚情感，也可能使你選擇成爲全職的家庭主夫或主婦，全心全意照顧家庭。

天生幸運方：西方

天生幸運日：星期一

觜宿

個性特質：

觜宿的人從小就像個探險家，到處探索新奇事物，不但對世界充滿好奇，也展現高度的研究精神，本身擁有相當強烈的主見——只要是你想知道的，非得打破砂鍋問到底，或是親自去探究答案。這種好奇寶寶的天性，雖然有時候可能會給周遭的人帶來些許困擾，但這正是你實驗和探索的精神所在。具有高度的創意和冒險心，能在不熟悉的環境中快速找到跟新環境相處愉快的辦法。然而，這種好奇心有時也可能帶領你走向危險，因此你需要學會適時地控制自己的冒險慾望。

人生方向：

對於觜宿的人來說，你的五感特別敏銳，尤其是味覺和嗅覺。你似乎天生就對各種味道和氣味有著高度敏感，並且也很享受感官所帶來體驗。因此，你非常適合選擇需要強烈五感的工作，例如廚師、烘焙師、咖啡師或調香師等。另外，由於你具有獨特的性格和獨立的工作態度，所以過於密切的團隊合作可能會讓你感覺不自在——對你而言，可以自由調配工作進度的職業更能讓你表現自己。

天生幸運方：西南

天生幸運日：星期二

參宿

個性特質：

參宿的人給人一種冷靜、話不多的印象。你總是默默地觀察周遭，像是充滿智慧的軍師，精準地判斷各種情勢。你不僅具備敏銳的洞察力，「讀空氣」的能力也是一流。在外界看來，你就像是隱藏在羊皮下的狼，外表和善好配合，實則內心相當叛逆，對於一些事物常抱持懷疑的態度。一旦遇到不合理或者你認爲陳舊、乏味的事情，你會默默地蒐集證據，等待合適的時機一口氣反駁，甚至顛覆舊有的規則——這種隱忍的策略和戰鬥精神使你面對不公平時總能精準殲敵、一擊必殺，即使對方的身分再高，你也不會畏懼。須注意有時太過好強好鬥，可能會讓你失去一些與貴人相遇的機會。

人生方向：

參宿的人對生活充滿激情和挑戰的慾望。雖然平時低調，但內心仍渴望被他人認可和讚賞，所以常常選擇那些能讓你展現才華且被關注的工作，像是運動員、演員、業務或政治人物，都能滿足你的野心和表現慾。

天生幸運方：西南

天生幸運日：星期三

井宿

個性特質：

井宿的人從小就是暖男暖女，你的同理心強，彷彿能感受到每一個人的情緒和遭遇——高度的惻隱之心使你對於他人的不幸和委屈都表現出強烈的不平。然而，這也意味著你很容易將他人的責任和煩惱背負在自己的肩上，成爲一名無法拒絕他人需求的「聖母」。雖然你高貴的舉動令你德高望重，但這種無私的奉獻會讓你陷入麻煩，容易作繭自縛。此外，你高度敏感的情緒也使得你容易被外界事件或他人的情緒所影響，這種情緒的起伏可能會讓你一時之間翻臉如翻書，喜怒無常，因此需要多加注意情緒管理。

人生方向：

擁有這麼強烈的擔當和奉獻精神，使你極爲適合從事那些需要關心和照顧他人的工作，例如教育、公職或醫療等領域，甚至政治或從事公益事業。在這些工作中，你可以充分發揮自己的潛能和特長，爲社會做出貢獻。若是選擇爲家庭奉獻，井宿的人亦是家庭中的重要支柱，你能將家務打理得井井有條，成爲家人強大而安穩的後盾。

天生幸運方：西南

天生幸運日：星期四

鬼宿

個性特質：

鬼宿的人是天生的哲學大師，你對人的內心世界有著無盡的好奇，深受心理學、哲學、宗教等領域的吸引。你具有一種罕見的哲學智慧，經常能夠提出觀點獨特的深刻見解。不僅如此，鬼宿的人對於能量和環境的敏感度極高，所以有時會讓人覺得你有點神經質，只要一點風吹草動就特別容易不安——尤其是不熟悉的環境，你可能會感到特別緊張焦慮。因此，你需要透過較長的時間，才能跟新朋友或新環境磨合出安全感，這讓你不太喜歡換工作和換環境，同時也代表你不太能輕易嘗試新事物——適應問題往往是你的罩門。

人生方向：

你天生敏感，特別重視身心的舒適與放鬆，因此對於按摩、芳療等能放鬆身心的活動有著極高的喜愛，使得你在中醫養生、自然醫學、能量療癒和藝術領域都有著出色的天賦。你可能對形而上的事物特別感興趣，因此跟宗教很有緣分，從事宗教服務也能發揮你的專長。對你來說，選擇一個能夠平衡工作與生活的環境，能讓你的心靈得到充分的滿足，從而發揮出最好的實力。

天生幸運方：南方

天生幸運日：星期五

柳宿

個性特質：

柳宿的人彷彿是與生俱來的「模範生」，給人一種落落大方的印象。你天生具備不凡的敏感度和洞察力，並且從小就展現出不同於同齡人的成熟態度，對於如何社交應對與回應他人有著極高的認知，這使得你在師長面前能得到不少好評，也使你形象良好，評價崇高。你非常重視人與人之間的和諧，認爲只有和諧的關係才能爲生活省去許多不必要的困擾。然而，這種常常傾向於迎合他人的特質，有時也會使你背上一些不屬於自己的責任，或是被別人過度期待。因此，你需要學會設定界限，確保自己不會因爲過度付出而陷入無法自拔的困境。

人生方向：

柳宿的人擁有高超的情商，對於人際關係的處理能力極強，因此非常適合從事需要與大眾互動的行業，例如公關、仲介或服務業，而你靈敏的處事手腕，也使你容易成爲大老闆的心腹或專責祕書，適合與大人物共事或合作。同時，你也具有出眾的耐心，使得你在教育或照護領域都能夠發揮所長。例如，寵物保母、保育員或照護員等工作，你都能以你獨特的處事魅力，建立起良好的事業評價。

天生幸運方：南方

天生幸運日：星期六

星宿

個性特質：

星宿的人天生就像太陽一般，總是溫暖熱情，願意照亮他人的人生。你的眼神時刻散發堅定與信心的意志，似乎總是抱持著正面的想法，即使在最困難的時刻，也能帶給他人希望和正能量。你的樂觀和正向的心態經常渲染周遭的人，你相信「沒有過不去的難關，只有暫時的卡關」。你擁有難得的赤子之心，能保有純眞並充滿善意，好像認爲這個世界沒有眞正的壞人。雖然你無條件的信任他人、常懷高度的同理心，但這使你有時過於天眞，無法察覺他人言詞中的欺騙，你認爲「想要廣結良緣，就不該對他人有所懷疑，即便被騙，只要沒有蒙受損失，那又何妨？」，殊不知這般樂觀和缺乏防備的態度使你易受他人欺騙與控制，宜對人多點心眼，才能防止自己因人情或同情而陷入困境。

人生方向：

星宿的人具有強大的感染力，你所散發的正面能量深受他人喜愛，這種特質使你特別適合從事宗教、心理、哲學、療癒、公衆服務、醫療和業務等領域。在任何工作場所，你都能成爲焦點，不僅是因爲你的個性吸引人，更是因爲你的激情和熱情能感染所有與你接觸的人。你天生具備領袖魅力，宜多拋頭露面、與人親近，讓他人因你的啟發而找到存在的意義。

天生幸運方：南方

天生幸運日：星期日

張宿

個性特質：

張宿的人外在展現出隨和、豪爽的性格，但你的內在卻相當細膩，極爲重視生活大小事的細節。你對於生活的每一部分都十分講究，不論是日常飲食、與人的應對，還是每一個小小的儀式，通通都不放過——這種重視禮數的性格使你在長輩之間能獲得好評。你熱情且慷慨的個性，使你的交友圈相當廣泛，是大家公認值得信賴的人。只要被交辦任何任務，必定全力以赴做到好，因爲你不喜歡被看輕。然而，這種過於重視他人的性格，有時也會使你承擔過多的東西，讓你陷入不必要的困境。

人生方向：

張宿的人具有很強的社交技巧，你知道如何打破隔閡、如何用微小的細節打動他人的心。因此，從事祕書、仲介、經紀人或服務業等需要與人高度互動的工作是最適合你的。你的特質能讓你在業界建立起深厚的人脈，更能將客戶轉化爲朋友，並透過朋友的引薦，迎接源源不絕的新客戶，這些人脈有助你在各行各業都能因人緣而如魚得水。

天生幸運方：東南

天生幸運日：星期一

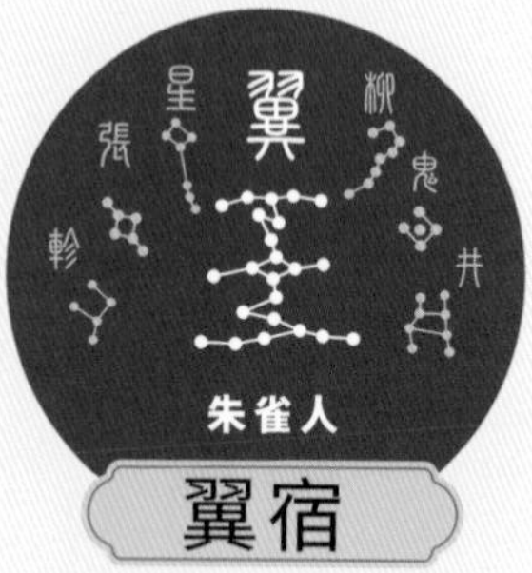

個性特質：

翼宿的人總是給人一種叛逆不羈的感覺，從小就是個遇到不合理就會挑戰到底的人——你並非喜愛特立獨行，純粹只是因爲愛好自由而已。由於你熱愛冒險，所以無法長時間安分守己，渴望探索自己的極限。你身上總是有一股熱力，彷彿能讓周圍過於安逸的事物也跟著活潑起來。你是一個時刻享受新鮮感的人，覺得生活需要不斷的刺激和冒險，無法容忍單調和過於安定的日子。你忠於自我，不會爲了取悅他人而改變自己的本色，這也導致你比較容易有兩極的評價，在作風上比較容易飽受爭議。

人生方向：

翼宿的人是自由的鬥士，因此你適合較爲自由、不受時間與空間限制的職業，例如極限運動員、自由記者、旅遊部落客、獨立藝術家或攝影師，如果可以時常變換辦公環境，將能帶給你更多的啟發，讓你感到愉快和充滿動力。此外，需要冒險、出差的選項也很吸引你，你就是一個遊歷人生的探險家，樂於接受各種挑戰。年輕時，因爲愛好冒險而人生起伏較大，但隨著年齡和經驗的增長，你將能化所有的經驗爲你的資本，成爲不一樣的創業家。

天生幸運方：東南

天生幸運日：星期二

軫宿

個性特質：

軫宿的人外表看起來都很有距離感，似乎高深莫測，難以猜測你的想法，因此第一印象是不好親近，然而，你的內心其實相當容易被觸動和感動。任何的眞善美都會讓你的心泛起波波漣漪，尤其是大自然、小動物和幼兒等，都會讓你開心不已。儘管你如此容易動容，但你不太擅長表達及分享這些情緒。因爲你在朋友之間很擅長傾聽，你不會隨意批評你不了解的事，這使得你成爲大家的垃圾桶，再加上你很能保守祕密，總是帶給朋友們和善溫暖的感覺，所以不知不覺中也承受較多的負能量。須注意你過度的溫柔有時也會成爲自己的枷鎖，你認爲跟別人訴說你的心事會帶給他人麻煩，因此總是不願意麻煩別人，殊不知反而讓自己憂鬱和內傷。

人生方向：

軫宿的人天生就有一種陪伴和照顧他人的天賦，你的敏感和同情心使你特別適合從事醫療、諮商或社工等助人的職業。例如，你可以成爲藝術治療師，用藝術來療癒人心，或是成爲幼兒園教師，負責照顧和引導孩子成長。此外，你豐富的內心情感也使你在藝術、文學上頗具天賦，若能將自己的情感融入作品中，將能成爲很棒的藝術家。

天生幸運方：東南

天生幸運日：星期三

斗宿

個性特質：

斗宿的人天生就帶著一種不凡的氣場，這種貴氣和霸氣常常使你在群體中脫穎而出，成爲眾所矚目的焦點。從小你就具有領袖的特質，而在成長過程中，你的成熟穩重使你常常得到師長的喜愛和肯定。你重視禮節和原則，對於秩序有著近乎堅持的態度，因此在面對混亂或不公平的事物時，你會強烈指正甚至干預。你有著驚人的忍耐力，即使面對困境也會努力保持冷靜，不讓別人看到你的軟弱之處，但這也表示你對自己的要求極高，不容許自己失敗，容易產生自我壓迫和嫉妒心，須找到管道紓解內心的壓抑，以免對心理健康帶來影響。

人生方向：

斗宿的人天生就是優秀的組織者和管理者。你重視秩序，因此適合往建立秩序或擁有完整制度的地方發揮你的專長。你適合選擇和管理、規劃相關的工作，在金融、人資、顧問、行政等領域都能展現你驚人的管理能力，並且得到同事和客戶的認可。除此之外，你也適合選擇維護秩序和公正的工作，例如法律、軍警、政治或運動產業中的裁判。教育產業和公務員也是不錯的選擇，這些重視責任和體制完整的地方，同樣能夠使你的特質得到充分的發揮。

天生幸運方：東北

天生幸運日：星期四

牛宿

個性特質：

牛宿的人天生就具有縝密的思維和卓越的觀察力，但因爲你思考得很細緻且全面，以至於你在回應問題或行動上可能顯得慢半拍。你相當有毅力，只要下定決心，沒有什麼做不到——這份堅持和毅力能彌補你溝通技巧的不足，因爲你的精神能贏得別人對你的尊敬和信賴。你非常守信，一旦答應他人，便會認眞去完成，絕不讓人失望。然而，你之所以如此堅守原則，也代表你不喜歡改變原定的計畫或目標，任何變數都可能使你感到不安。這種過度堅持有時可能會導致你太過鑽牛角尖，因此，你需要學會適時放下，專注在更有價值的事物上。

人生方向：

牛宿的人在高壓環境下總是能展現出超乎尋常的耐力。你善於鑽研，能在反覆無常的工作中保持耐心，因此學術研究、工程項目、專業技工、廚藝和烘焙都是你可以發揮的領域。此外，你的體能和毅力也能使你成爲出色的馬拉松選手或重量訓練運動員。要留意的是，你需要比較多時間跟工作環境磨合，一旦找到跟環境密切配合的方式，你將能發揮你的強項，創造專屬你的優勢。

天生幸運方：東北

天生幸運日：星期五

女宿

個性特質：

女宿的人不論男女天生擁有相當吸睛的形象，你除了天生在外貌上較亮眼外，本身就很注重外型管理，因爲形象是你的一切。你非常在意外界的評價，每一次的成功或失敗都會與自我價值掛鉤，而這也造就了你那強烈的好勝心。在任何場合，你都希望能成爲衆人目光的焦點，但同時你也深怕被人討厭。你常爲了獲得的評價感到糾結，從來不肯放過自己。由於名譽是一切，因此你總是認眞對待每一次的承諾，你相信這些承諾都與自己的信譽和形象緊密相關。你力求完美，同時也感到痛苦與矛盾，你需要明白——最大的敵人往往是你自己。

人生方向：

女宿的人對於美的追求和詮釋有著特殊的天賦。因此，你在設計、時尚、美妝、美容和體態管理等與美相關的行業能夠發光發熱，而且你容易因自身的專業態度和精神而被提拔爲管理階層。不只如此，你具備的領導才能和對工作的熱忱，也將在時機成熟時讓你成爲優秀的企業家或行業領袖。

天生幸運方：北方

天生幸運日：星期六

虛宿

個性特質：

虛宿的人自小給人一種低調、不顯眼的印象，你從容的樣子彷彿總是沉浸在自己的世界裡。你悠哉的舉動往往讓父母、師長誤以爲你不夠積極，但事實上，你是個重視心靈餘裕的人，渴望平靜、純眞的生活——你喜愛大自然的擁抱、小動物的陪伴，甚至是那些滿溢著童趣的玩偶，不喜歡複雜的交友和競爭的環境，這種天眞無邪的喜好也使你給人一種永遠都像孩子一樣的印象。虛宿的人熱衷於玄學、宇宙、外星人、神佛等深奧的學問，這種熱愛甚至可以驅使你學習外語，以便更深入地研究這些領域，而且你相當有研究精神，可以爲了興趣而廢寢忘食。正是因爲你把所有精力都花在興趣上，所以較無法掌握與人相處的方法，這也使得需要團隊合作時你總是相當頭痛——人際往來往往是你的課題。

人生方向：

對於文學、語言學、玄學、宗教學，甚至是科學，虛宿的人都抱有深厚的興趣。你的思考方式、獨特的觀察和敏銳度，能使你成爲出色的科學家或研究者。若能選擇一份可以獨立作業、不用太頻繁與人互動的工作，例如家中翻譯或研究工作，你的效率和產能將大大提升。你喜愛那些與貓狗相伴的工作環境，能感覺更加溫馨和自在。過於繁重或需要長時間輪班的工作並不適合你。

天生幸運方：北方

天生幸運日：星期日

危宿

個性特質：

危宿的人心思細膩又靈敏，常能觀察到他人忽略的細節，彷彿什麼都逃不過你的眼睛。你對任何事物都抱持一種懷疑的態度，雖然你總是表現出不受拘束、大剌剌的感覺，但實際上，你是典型的完美主義者。事情不完美或可能失敗就會令你打退堂鼓，因此給人裹足不前的感覺。因爲你的想法容易改動，不利於長久合作的關係，所以你往往是孤獨的戰士，始終堅持著自己的道路，但有時也因爲一意孤行而誤入陷阱中。

人生方向：

危宿的人在創意和策略方面有著超群的天賦，而且勇於挑戰傳統和主流觀點，這使你往往能成爲另類的點子大王。你非常適合從事需要創新思維的工作，例如廣告策劃、創意企劃、顧問，甚至是藝術家和表演者。你的思考方式也使你在特定競技或獨特的行業中表現卓越，例如調酒師、特色廚師。和團隊合作相比，你更喜歡獨立完成工作，因爲這樣能確保你的創意不被限制。

天生幸運方：北方

天生幸運日：星期一

室宿

個性特質：

室宿的人擁有一種人來瘋的熱情，不論是見到陌生人或朋友，總是能熱烈回應，彷彿時刻充滿能量。你的講話方式直白得有些過分，常使人誤以爲你脾氣暴躁。但眞正了解你的人知道，這其實是因爲你的內心如同小孩般純眞，因此總是藏不住眞心話，雖然情緒起伏大，但是心地是如此單純，甚至不會記隔夜仇。其實你的性格帶有一些依賴性，習慣有人陪伴、照顧，難以跳脫舒適圈，因此也較難搬家、換工作——一旦你跟鄰居、同事產生感情，就很難跳脫環境。對於不感興趣的事情，你很快就會放棄，若能培養一些耐心，再加上你的聰明才智和努力，將能在人生中取得驚人的成就。

人生方向：

室宿的人熱愛多彩多姿的生活，你有著極高的藝術天賦，適合從事影視、影像、美術、音樂、創意設計或室內設計等領域的工作。你對生活的需求相當簡單，不希望過於勞碌或面對複雜的人際關係，因此，選擇一個和諧的工作環境對你而言尤爲重要——只有在氣氛和諧的環境中，你的價值和才華才能得到最大的發揮。

天生幸運方：北方

天生幸運日：星期二

壁宿

個性特質：

壁宿的人通常喜怒不形於色，給人一種穩重而可靠的感覺，但你的內心卻時常百感交集，往往選擇默默承受而不表露，因爲你認爲情緒、感受和煩惱是很隱私的，不需要太多人知道。這樣的性格其實是專屬於壁宿的細心和體貼，你總能不經意地觀察到他人的需求並提供援助，在他人眼中，你是完美的合作夥伴和朋友，無論與誰共事都能相處融洽。然而，你也是個性較爲保守的人，不喜歡大膽冒險或出奇制勝的策略，這種過分謹慎的態度有時也讓人覺得不知變通。要留意的是，你時常逆來順受，有時可能會導致心理壓力，進而影響身心健康。

人生方向：

紀律和原則是你的信仰。你天生適合從事那些需要條理和規則的工作，例如軍警、運動員、法律專家、人資和教育等領域。你的執著和忠誠意味著一旦選定工作，就會懷抱畢生使命感去執行，很少會換工作。因此，選擇一個氛圍正向的工作環境對你來說至關重要。不適合的工作場所可能會增加你的壓力，影響你展現眞正的潛能。

天生幸運方：西北

天生幸運日：星期三

第3章

年運卜算：六十四卦年運重點解析

為何要以年運加強風水布局？

不論是風水還是運勢，年年都在改變，一如四季的更迭，我們的運勢亦與時間的脈絡緊緊相連。能否與最佳時機同步便成爲達成願景的關鍵，這是一種生活的藝術，也是對自然規律的理解與應用。運勢和風水對我們有很大的影響，主動掌握運勢、了解風水布局重點（也就是本書的主要觀念：知運造氣）是這本創意風水書要帶給大家的觀念，更是通往豐盛之門的關鍵鑰匙。

最常遇到的問題是，風水和年運年年在變，究竟是掌握風水重要、還是掌握運勢重要呢？我的答案是──兩者相輔相成，才能理解年運的流轉，進而抓住風水布局的核心策略，因爲你就是你的人生好運軍師，風水布局亦應根據個人運勢的高低起伏進行調整。當運勢與布局完美結合，就能爲生活組織一道強而有力的護盾，或者在本來就相對美好的生活上再添光彩。

透過易經六十四卦的運勢占卜，將能爲你精準描繪未來一年的運勢藍圖。無論是事業運（含考運）、金錢運，還是愛情運，都能透過占卜幫你找到最能強強結合的風水布局。每一個卦象都是一面鏡子，映照出該年的運勢走向，讓我們可以集中目標，大膽前行，邁向通往成功的道路。

請根據APP的引導，開始進行卜算儀式，接著再根據本書的內容進行卦象解析吧！

六十四卦運勢占卜解析

第一卦 ☰ 乾卦・乾為天

事業運

重點提示：警惕挑戰，謹慎行事

挑戰和考驗多，但也是鍛鍊和提升自己的絕佳機會。遇到困難時要相信自己有能力去克服。此時期不宜過分擴張，應專注於鞏固現有業務，時機成熟自會有好的機會出現。問考運，需加強準備，失利再戰必成。

金錢運

重點提示：挫折連連，虧損不斷

投資運不佳，建議放慢腳步，待明年春天再做打算。缺乏偏財運，易衝動行事，若想小賭怡情，記得保持輕鬆心態。合夥經營可能面臨破裂危機。多行善，可補強財運。

愛情運

重點提示：如沐春風，共度時艱

愛情運如日中天，充滿積極正面的能量，能感受到溫暖和支持。需堅定自身信念，不要因一時的困境或挫折就放棄。有伴者將一起克服困難；單身者有望遇到心儀對象。

第二卦　☷　坤卦・坤為地

事業運

重點提示：穩固基礎，細水長流

事業基礎穩固，有著良好的發展前景。即便遭遇波折和阻礙，這些問題最終都將被克服。在事業上的努力將會得到回報，但需要時間積累。不求速成，終將成功。問考運，努力必有好功名。

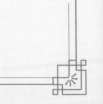

金錢運

重點提示：慎重投資，防範風險

投資運不錯，事業基礎穩固，有貴人相助，但不宜合夥投資，以防被占便宜。理財宜保守，避免因小失大。偏財運不錯，只要膽大心細，應能獲利。量力而行，避免過度貸款。

愛情運

重點提示：關係穩定，共築未來

愛情運相對平穩，沒有太多波折。有伴者關係會更加穩固，能共同爲未來打拚、奠定堅實的基礎；單身者有望遇到可靠的對象。需保持謙卑和感恩。可嘗試新活動，拓寬社交圈。

第三卦 ䷂ 屯卦・水雷屯

事業運

重點提示：人脈拓展，創造優勢

在職場上人脈極佳，應該充分利用自己的人脈優勢，尋找和把握更多機會。同時，你需要保持謙遜的態度，不斷學習，提升自己的專業能力。最終取得豐碩的成果。問考運，得師長關照，取得功名。

金錢運

重點提示：人脈給力，進帳穩賺

投資運極佳，擁有豐富的人脈資源。朋友之中有投資專家，不妨多交流。偏財運極佳，小賭博或試手氣可能帶來好運。可去廟宇求財及提升正能量，多做善事也會爲你帶來好運。

愛情運

重點提示：經歷曲折，保持觀察

可能出現意料之外的困難與波折。單身者有機會遇到多位心儀對象，需仔細分辨誰才是眞心對你好的人；有伴者可能因小事與另一半有所爭執，只要坦誠溝通，關係將變得更加緊密。

第四卦 ䷃ 蒙卦・山水蒙

事業運

重點提示：初試啼聲，謹慎為先

剛開始一個新的工作項目。路途充滿挑戰，但只要堅持不懈，終將獲得成功。在人際關係方面，要避免與同事或上司產生不必要的矛盾和爭執，保持冷靜將能助你在職場上更加順利。問考運，一試不成，再接再厲。

金錢運

重點提示：謹慎求財，切忌貪多

投資處處逢風險，決策時須格外謹慎，不能急功近利，首要任務是建立穩固的財務基礎。上半年可能面臨小人干擾和法律問題。避免借錢或借他人錢，應多關心家人的健康。

愛情運

重點提示：了解需求，耐心突破

可能正處於一段不確定的關係，或是充滿迷茫和不安。需保持耐心，勿急於求成。單身者需花時間了解自己真正想要的是什麼；有伴者可能會感受到彼此的距離，需要共同突破困境。

第五卦 ䷄ 需卦・水天需

事業運

重點提示：耐心等待，訓練思考

當前不是最佳的行動時機，離職或求升遷皆不利。要學會觀察和分析，勿盲目跟隨他人，要有自己的判斷力。處理好與同事和上司的關係，靜待年底迎來事業上的好機會。問考運，年底應試較得利。

金錢運

重點提示：錯失良機，親近家人

投資運尚可，但往往因猶豫不決，失去許多賺錢機會。應提升判斷力，勇於把握好機會，也可多投注資金在已有的標的上。多花時間與家人共處，有望靠家人給資金、零用金來獲利。

愛情運

重點提示：冷靜抉擇，勇於表達

感情運好壞參半，情緒起伏較大，容易對愛情產生懷疑和不安。建議提升情商、保持冷靜，不可因一時的衝動或誤解而做出錯誤的判斷。遇到心儀對象應勇於表達自己的情感。

第六卦 訟卦・天水訟

事業運

重點提示：避免爭執，冷靜處理

有爭執和衝突，應避免與同事或上司產生摩擦，不要被一時的情緒所支配，以免影響自己的職涯前景。學會聆聽他人的意見，尋求雙贏，將有助於化解矛盾，創造良好機會。問考運，波折多，再接再厲。

金錢運

重點提示：需得扶助，放下自尊

財運不甚理想，尤其是投資方面，可能需向家人求助或跟銀行協調。若有借款或債務問題，應以良好溝通來解決。需防範可能出現的法律問題和小人。應放下自尊接受家人的協助。

愛情運

重點提示：溫柔溝通，遠離爭執

感情生活可能不太平靜，容易與伴侶發生爭執和誤解。應保持冷靜，透過有效溝通來解決問題。建議多關心伴侶的感受，避免不必要的爭執，方能增進彼此的感情。

第七卦 ䷆ 師卦・地水師

事業運

重點提示：步步為營，穩固根基

建議增強實力，不宜輕舉妄動。工作時要有計畫，注意細節，以免因疏忽而造成損失。同時，要注意與同事之間的合作，團結的力量能助你更快達到目標。問考運，避免因粗心大意而錯失機會。

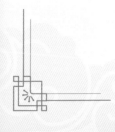

金錢運

重點提示：轉虧為盈，保守為佳

投資運尚可，呈轉好趨勢。特別是農曆五月，財運一路攀升。已投資者毋須過於擔憂，利潤有望實現；未進場者，謹慎研究後有望選中好標的。下半年宜保守行事。多行善可添好運。

愛情運

重點提示：穩固關係，堅定情誼

感情生活穩定，但仍需警惕可能出現的小波折。有伴者宜鞏固感情；單身者不妨多出去參加社交活動，提高遇到心儀對象的機會。建議多參加公益活動，培養開朗的心態。

第八卦 ䷇ 比卦・水地比

事業運

重點提示：團結互助，共度難關

此卦代表團隊合作和互助，與同事之間的合作極爲重要。應放下身段，虛心向他人學習，並透過團隊的力量來克服困難，實現目標。應注重溝通和協調，尋求共識，將使你取得成就。問考運，能得同儕相助，取得好成績。

金錢運

重點提示：進帳平順，不恥下問

投資運平穩，若想獲取更豐厚的回報，需注意可能面臨的困難與阻礙。當前需要依賴他人的幫助來提升財運。應虛心請教。近期宜保守，見好就收。應行善積德，積累更多福報。

愛情運

重點提示：珍惜眼前，反思態度

愛情運平穩，但需警惕可能因忽視伴侶的感受，導致關係出現裂縫。應反思自己的行爲，珍惜身邊的人。建議保持謙虛的態度，聆聽伴侶的心聲。可多參加戶外活動，增進雙方的感情。

第九卦 ☴☰ 小畜卦・風天小畜

事業運

重點提示：起步謹慎，保持信心

躁進易誤事，任何急功近利的舉動都可能導致損失。需要等待合適的時機，或是進一步積累經驗和資源。專注和堅持是關鍵，只要保持堅毅的精神，最終必能取得成功。問考運，要腳踏實地準備，才能取得功名。

金錢運

重點提示：專注主業，避免借貸

投資運平平，專注一件事將帶來收益。可嘗試副業，切忌因獲利就忽視主業。應把握現有工作，堅持下去。若計畫投資或創業，要量力而行，避免借款。關鍵在於謹慎並持續努力。

愛情運

重點提示：桃花降臨，悠悠前行

愛情運逐漸升溫，需要耐心和細心去經營。單身者可能遇到不錯的對象，建議放慢腳步、細心觀察對方的性格和習慣，有伴者不妨安排能共度時光的活動，讓感情進一步升溫。

第十卦 ☰☱ 履卦・天澤履

事業運

重點提示：變數多端，防患未然

此時變數多，須加倍小心，謹慎評估每一個機會和挑戰。若要改變，得先有清晰的目標和計畫，並且保持彈性，隨時應對突發情況。只要先想好備案，就能安然過關。問考運，擴大準備範圍，才能全面應戰。

金錢運

重點提示：慎選標的，小心翼翼

可能面臨破財風險，不宜盲目追求高風險投資。不是擴張或大量投資的好時機。可以考慮將資金用於穩健的投資，例如購買房地產或長期投資債券。謹慎爲上，不宜冒險。

愛情運

重點提示：衝動誤事，注意磨合

可能會有非預期的困難或誤會出現。若處於追求階段，應謹慎觀察，不要因一時的衝動做出可能讓自己後悔的事情；若處於穩定關係中，更要謹言慎行，防止小爭吵演變成大問題。

第十一卦 ䷊ 泰卦・地天泰

事業運

重點提示：機遇臨近，提升專業

努力將得回報，事業將迎來新高峰。應積極拓展人脈，建立良好的人際關係。貴人將出現，爲你提供幫助和指導，事業如虎添翼。宜提高自己的專業技能和管理能力，以便奠定未來的基礎。問考運，努力迎來開花結果。

金錢運

重點提示：出現轉機，貴人相助

投資運略顯不順，可能會持續一段時間，但有貴人伸出援手，協助度過難關。建議擴大人際圈。農曆九月後，財運將逐漸好轉，明年春天將是絕佳投資時機。應持謹慎態度，不宜冒險。

愛情運

重點提示：低潮漸退，陽光即現

愛情運即將迎來轉機，若正值低潮或分手，有望遇到貴人助你走出陰霾。單身者不妨多參加社交活動，提高自己的情感吸引力。陽光總在風雨後，保持開朗，必能重拾機遇與戀情。

第十二卦 ䷋ 否卦・天地否

事業運

重點提示：先苦後甘，雨過天晴

此卦代表事業發展不順利。然而，這只是暫時的，勿因短期困境而失去信心，也不要因為壓力而對身邊的人發脾氣。應積極尋找解決問題的方法，並從中吸取經驗。風雨過後必定會見到彩虹。問考運，年底應試考運佳。

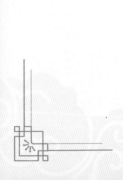

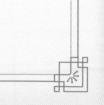

金錢運

重點提示：求助他人，財路暢通

正財運平平，若想進一步增加財富，可能因小失大。若已發生此情況，建議找朋友相助。應保持謙虛的態度，向他人學習並改掉理財壞習慣。下半年的財運不錯，注意見好就收。

愛情運

重點提示：破曉前夕，耐心等待

可能處於瓶頸期，感覺似乎都不順心。如果正處於失戀或情感低谷，應保持耐心和堅持，不要放棄對愛情的追求；如果正處於戀愛關係，只要彼此信任、共同面對，問題最終都能解決。

第十三卦　同人卦・天火同人

事業運

重點提示：尋求合作，共創未來

需注重與同事之間的合作和溝通。獨立作戰不是最佳選擇，應找尋隊友，將有助於事業的進一步發展。若有人給你幫助或指導，要虛心接受，這將是你寶貴的財富。問考運，應尋求同儕協助，提高準備效益。

金錢運

重點提示：投資健康，福樂無窮

投資運可能不盡如人意，雖有進帳機會，但切忌貪心，勿輕信他人「穩賺不賠」的話術。建議選擇風險較低、回報穩定的項目。注意自己的飲食和休息。

愛情運

重點提示：情感升溫，共度時光

愛情運處於上升期，雙方感情日漸加深，不妨多分享彼此的喜樂和悲傷。單身者要敞開心胸，勇敢追求所愛之人；有伴者要珍惜彼此共度的時光，不要讓忙碌的生活影響你們的感情。

第十四卦 ䷍ 大有卦・火天大有

事業運

重點提示：暗藏危機，累積實力

此卦代表會遇到一些波折，現階段最重要的是要有清晰的目標和計畫，不要被眼前的困難所迷惑。需要尋求一些有經驗的人的建議和幫助。同時，應注意自己的身體狀況，休息才能走得長遠。問考運，健康影響專注力，多有波折。

金錢運

重點提示：堅持正道，財富穩增

切忌走捷徑，應堅持正道，保持一顆平常心，財富自然會穩定增長。需謹慎對待看似很好、實則隱藏巨大風險的投資項目。人際關係需要多加注意，避免因金錢問題與人發生爭執。

愛情運

重點提示：感情升溫，共創未來

愛情運極爲旺盛，無論是單身還是有伴侶，都將迎來一段激情澎湃的時光。對單身者來說，

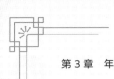

將有很高的機會遇到心儀對象；對有伴者來說，這是加深感情、共創美好未來的大好時機。

第十五卦 ䷎ 謙卦．地山謙

事業運

重點提示：低調行事，靜候來年

當前不是展現自我的最佳時機，宜低調處事，謙虛學習。機會往往是留給有準備的人，積極培養自己的專業技能，提升自我價值，等待機會，將是你當前最佳的策略。問考運，拉長備戰期，來年更有望。

金錢運

重點提示：持平即可，穩穩進財

當前處於需要謙遜與努力、並保持穩健態度的時期，以確保財富的穩定增長。避免高風險投資，應透過學習和實踐來提高投資能力。建議向經驗豐富者吸取成功經驗。

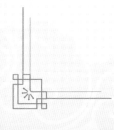

愛情運

重點提示：低調行事，穩固感情

處於穩定而低調的階段，切忌行事過於高調或急躁。對單身者來說，這是深思熟慮、慎選未來伴侶的好時機；對有伴者來說，若想深入對方的心，這是提升彼此默契的絕佳時期。

第十六卦 ䷏ 豫卦・雷地豫

事業運

重點提示：才華洋溢，騰達在即

此卦代表未來的職業之路將一片光明。晉升和加薪等好事正向你靠近。應積極表現自己的能力和才華。注意與同事和上級保持良好的溝通，這將助你一臂之力。問考運，實力得以發揮，成果如意。

金錢運

重點提示：心想事成，馬到成功

投資運正旺，可多方開源。若有心儀的投資項目，有望獲得豐厚回報。短線操作也有不錯的進帳機會。若需調動資金，貴人就在身邊。可多到財神廟接收財氣，並與他人分享你的好運。

愛情運

重點提示：魅力巔峰，機遇無限

處於非常穩定又充滿激情的階段。對單身者來說，魅力正處於巔峰時期，吸引力極強，這是結識新朋友、尋找愛情的好時機；對有伴者來說，這是增進感情、享受甜蜜時光的好時期。

第十七卦 ䷐ 隨卦・澤雷隨

事業運

重點提示：勇於表現，優勢過人

此卦代表現階段能大鳴大放，能夠帶領團隊達成重要目標。儘管你的判斷在大多數情況下都是正確的，但也要小心不要過於自信，將有助於提升你的領導地位。問考運，過分自信將誤事，需謹慎才能讓成果如意。

金錢運

重點提示：眼光獨到，財運亨通

錢景無限，無論你投資何事，都能如魚得水，獲得可觀的利潤。你的收穫將證明自己眼光獨到，切忌因連連得手而變得過於驕傲。建議培德積福，不僅助長福報，還能帶來更多財富。

愛情運

重點提示：突破重圍，默契加溫

感情相當甜蜜，兩人默契十足，能夠共同面對困難、克服挑戰。愛情觀察力強，不妨適時展現關心和愛意，並保有彼此應有的空間和獨立性，將讓愛情更加長久。

第十八卦　蠱卦・山風蠱

事業運

重點提示：心思混亂，謹慎選擇

此卦代表正經歷心思紊亂、難以集中注意力的階段。將影響到工作表現和前景。建議不要輕易做出重大決定，以免帶來不良後果。不因困境而氣餒，靜待來年更有發揮空間。問考運，延長準備，靜待來年。

金錢運

重點提示：放眼未來，耐心等待

投資運並不理想，健康問題也將導致思緒混亂，容易走上錯誤的財路。不是進行重大投資決策的好時機。土地或房地產等長期投資或許是當下最好的選擇。財運不旺盛，應隨遇而安。

愛情運

重點提示：情緒不穩，避免誤解

感情可能起伏不定，心情煩躁易怒，容易與伴侶發生誤會和爭執。建議多加注意言行，避免過於衝動的決定，應給彼此空間和時間冷靜思考。不宜談論重大人生決定，例如婚姻或分手。

第十九卦 ䷒ 臨卦・地澤臨

事業運

重點提示：經營形象，真誠相待

此卦代表人脈是運勢的關鍵，認眞經營人設能鞏固你的優勢。與他人合作能夠爲你帶來意想不到的好處，但需留意，人際往來需保持眞誠和尊重，避免過於功利，否則會對聲譽造成嚴重損害。問考運，得師長關照而應試順利。

金錢運

重點提示：交友廣闊，培養財脈

投資運平平，若能得到友人相助，一切都將水到渠成。親友的建議將帶來幫助。若想進行短線投資，股票市場將會是不錯的選擇。建議多參加社交活動，有助於找到更多投資機會。

愛情運

重點提示：人緣增愛運，高傲失良緣

愛情運與人際關係有著深刻關聯。容易在朋友的引薦或介紹下遇到合適的對象。如果平時足不出戶又疏於社交，可能會影響被引薦的機會。不宜過於高傲，以免給人距離感。

第二十卦 ䷓ 觀卦・風地觀

事業運

重點提示：冷靜布局，穩健前行

此卦代表挑戰多端，應理智應對，避免做出衝動決定。可透過提升專業技能來增加競爭力，將能為你的職業生涯帶來更多機遇。凡事親力親為，穩紮穩打，才能「步步為贏」。問考運，多方準備，應試能得利。

金錢運

重點提示：家和萬事興，分享得收穫

家庭和諧與穩定將大大影響財運。應選擇風險較低的投資方式，比如存款或購買國債。現在是提升財務知識、財務管理能力的好時機。上半年財運尚可，宜多主動花錢在家人身上。

愛情運

重點提示：勿信直覺，理性分析

需保持冷靜和理智，不宜過度相信第六感。有伴者的感情狀態穩定，但仍需維護彼此的和諧關係，建議多給自己一些時間冷靜觀察和思考。應等待更適合的時機再做重大決定。

第二十一卦 ䷔ 噬嗑卦・火雷噬嗑

事業運

重點提示：識別風險，調整策略

此卦代表能夠遇到許多好機會，但也伴隨著一定的挑戰和困難。透過努力和智慧，得以越過難關。過分急功近利會導致失敗，要時刻注意市場的變化，靈活調整，才能占得先機。問考運，注意時事，能找到答題靈感。

金錢運

重點提示：謹慎投資，辨明真偽

上半年可能會遇到一些投資機會，應謹慎行事，切勿因有賺頭而昏頭。如果已經在單一項目

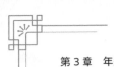

投入過多資金，上半年須停看聽，甚至是重新審視那些標的，以免持續虧損。

愛情運

重點提示：激情滿滿，慎防誤解

感情生活充滿繽紛活力，彼此互相吸引，情感交流頻繁。應多加注意言行，並學會控制自己的情緒，避免熱情變衝動。建議多花些時間相處，了解彼此眞正的需求和期望。

第二十二卦　賁卦・山火賁

事業運

重點提示：挑戰不斷，轉化危機

將迎來新的起點和轉機。現階段會遇到一些壓力和挑戰，要有遠見和戰略眼光，不要拘泥於眼前的利益。把每一次的挑戰當成跳板，將爲你的事業帶來極大的助力。問考運，失敗爲成功之母，再接再厲。

金錢運

重點提示：穩健經營，終有收穫

前景相當光明，但前提是腳踏實地，不可急功近利，必須對自己的投資項目懷抱信心。偏財運相當不錯，適合從事長期穩定的投資，例如房地產。

愛情運

重點提示：相互吸引，深入交流

感情生活非常美好，吸引力強烈，關係迅速升溫。可培養和加強雙方的感情連結。建議多花時間和伴侶進行深入交流，分享彼此的想法和感受，將有助於增強雙方的理解和信任。

第二十三卦 ䷖ 剝卦・山地剝

事業運

重點提示：警惕風險，慎選夥伴

此卦代表風險多端，會遇到一些困難和挑戰，應避免過度擴張和冒險。建議以穩健經營和細水長流的策略爲主。在與他人合作時，要謹慎選擇可靠的夥伴，以免因拆夥而影響前程。問考運，獨自備考，才有利於取得功名。

金錢運

重點提示：果斷行動，面對挑戰

可以信任自己的判斷，在財務方面需更加果斷和積極。投資時可能遇到一些挑戰，只要堅持下去，最終會迎來轉機。偏財運不錯，可嘗試新的投資項目或商業計畫，也可多看看房市。

愛情運

重點提示：信任動搖，用心回應

感情生活可能在信任上卡關。可能感到情緒低落，甚至對愛情失去信心，但只要願意給彼此機會，就能攜手克服難關。建議多花時間交流彼此眞正的想法，唯有取得共識，才能迎來轉機。

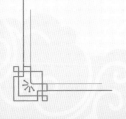

第二十四卦 ䷗ 復卦・地雷復

事業運

重點提示：耐心潛行，注重專業

此卦代表將迎來重要的轉折點。要注重自身的修練和提升，不斷學習新的知識和技能，這將爲你的事業發展奠定堅實的基礎。應建立良好的人際關係，能夠讓人脈成爲你今年的絕佳助力。問考運，加強準備，必得功名。

金錢運

重點提示：從長計議，調整目標

在財務方面需要有計畫且更謹慎。投資運起伏不定，不能掉以輕心。切勿貪圖一時利益而忽視長遠發展，需客觀評估，才不致誤入套牢陷阱。偏財運一般，不宜進行大規模投資。

愛情運

重點提示：關係緊密，情意漸增

感情運逐漸回暖，和伴侶的關係將變得更加緊密和融洽。建議找時間一起旅遊或散心，分享彼此的生活和感受，將有助於增強雙方的理解和信任。應避免用冷戰來取代溝通。

第二十五卦　無妄卦・天雷無妄

事業運

重點提示：謹慎決策，尋求建議

此卦代表做任何重大決策時都必須謹慎小心。應冷靜觀察，以免誤入陷阱。工作若腳踏實地，將會帶來更好的結果。聽取過來人的建議，將對你未來的發展非常有幫助。問考運，備考狀況不佳，來年再戰。

金錢運

重點提示：耕耘正財，遠離風險

風險極高，不宜投機。需冷靜觀察、保持理智，遠離那些看似機會多、實則風險重重的投資，若能遵從長輩的建議，將讓你的理財之路更為順遂。宜保守投資，穩紮穩打，方能致富。

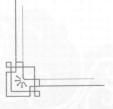

愛情運

重點提示：以退為進，尋求建議

需保持冷靜，切忌盲目追求感情上的刺激。感情狀況看似美好，但實際上可能存在沒有察覺的問題。建議保持耐心、仔細觀察，不要輕易做出承諾。不妨諮詢有經驗的朋友或家人。

第二十六卦 ䷙ 大畜卦．山天大畜

事業運

重點提示：漸入佳境，持續耕耘

運勢正處於上升期，辛勤工作將會帶來豐厚的回報。現在應專注於自己的工作，抓住所有可以提升自己的機會。保持積極向上的心態，遠離負面事物，你將取得更大的成功。問考運，準備得宜，勢在必得。

金錢運

重點提示：穩賺不賠，謹慎花銷

財運亨通，投資有望獲利，但須警惕過度揮霍。雖然賺錢機會多，但也要懂得量入爲出、開源節流，否則最終一無所獲。應盡量避免賭博性質的投資，以免野心過大而失利。

愛情運

重點提示：愛屋及烏，穩固基礎

感情運處於上升期，並在下半年漸趨穩定，這是加深彼此的了解、穩固感情基礎的好時機，有望獲得豐厚的情感回報。對待彼此的朋友、家人應秉持愛屋及烏的精神。

第二十七卦 ䷚ 頤卦．山雷頤

事業運

重點提示：切勿盲目，堅持得勝

此卦代表動盪、挑戰多，不是每一個機會都適合你，必須謹慎選擇，不要盲目跟風。遇到困難和挑戰時，要保持一顆平和的心，仔細分析概況，你的事業將會越來越好。問考運，備考波折多，需堅定心志，方能成功。

金錢運

重點提示：勿信風向，聽取良言

投資運尚可，但需謹慎行事，勿盲目跟風。多留心市場動態，耐心等待好的投資機會。建議多聽取家人的意見，特別是有經驗的長輩。需保持冷靜與理智，不可盲目樂觀。

愛情運

重點提示：追求者眾，不求速成

感情運不錯，但在選擇戀愛對象時應更加謹慎。需要有足夠的耐心去了解追求者，確認對方是否真的適合自己。多做好事，積德行善，有助愛情運旺盛。

第二十八卦 ䷛ 大過卦・澤風大過

事業運

重點提示：避免躁進，保持正向

需避免盲目冒進，要有清晰的目標和計畫，並且踏實地去執行。下半年將會克服難關，提升自信。建議專注於自己的工作，提升能力和技能。應保持正面積極的態度。

金錢運

重點提示：耐心等待，精打細算

財運不旺盛，需謹慎行事，保持耐心，等待機會。建議專注於自己的本業，不宜貿然涉足未知領域。應多學習理財知識，先以累積資本為主，才能為未來的投資打下堅實的基礎。

愛情運

重點提示：先有波折，好事將至

可能需要對愛情抱有更多耐心。上半年將在感情上面臨諸多不順遂，但只要保持積極的態度，好事遲早會來到你身邊。建議提升自己，遠離可能對愛情生活帶來負面影響的人或事。

第二十九卦　坎卦・坎為水

事業運

重點提示：謀事不成，再接再厲

現階段需要轉換跑道，事業讓人感到疲憊且無助。需重新思考自己的定位。即便需重新來過，但只要堅持努力，轉機終會出現。保持正面的態度至關重要。問考運，心態成就一切。

金錢運

重點提示：修心養性，經營正財

投資運起伏不定，需調整心態，保持平和的心。應以穩中求勝爲主，不宜過於冒進，最好能聆聽身邊親友的意見。多從正財下手或找尋有額外獎金的工作，較有利於進財。

愛情運

重點提示：感情盲目，誤入陷阱

可能正處於情感的盲點之中。對愛情的渴望過於急切，容易陷入不利的感情局面。應調整對愛情的期待，學會從平凡中尋找愛的眞諦。建議保持冷靜和清醒，不要輕易做出承諾。

第三十卦 ䷝ 離卦・離為火

事業運

重點提示：過於計較，不利人和

急於求成，終將失敗。需學會耐心等候回應，勿因小失大。注意人際關係的處理，避免因爲工作上的競爭而疏遠了身邊的人。保持誠懇謙卑的態度，才能眞正實現自己的目標。問考運，得失心重，不利備考狀態，建議來年再戰。

金錢運

重點提示：謹慎選擇，穩健為主

投資運平順，但仍需持謹愼態度，不宜追求快速的回報，應選擇穩健的投資方式。建議提升自身的理財能力，將有助於做出更明智的決策。可考慮研究副業，能爲來年進財。

愛情運

重點提示：急躁難成，用心經營

感情之路發展得太過快速，可能會讓雙方的關係失去平衡。切忌盲目追求瞬間的激情，應保持平靜的心態，建立深厚的感情基礎。只要保持誠實且眞誠的態度，愛情生活將會充滿幸福。

第三十一卦 ䷞ 咸卦．澤山咸

事業運

重點提示：不宜冒進，調整心態

今年不是尋求變革或冒險的好時機，應穩固現有工作與地位。同時，注意人和問題。只要保持穩定和踏實的工作態度，你的事業將會逐漸步入正軌。問考運，切忌急功近利，應放遠目標，慢慢求成。

金錢運

重點提示：困難重重，寬心以對

容易面臨財務困境，投資回報也不如預期，在資金流動上甚至會遇到阻礙。切勿出現想快速賺錢的心態或以不正當的手段獲得財富。建議花錢投資自己或散心，等待來年轉機。

愛情運

重點提示：謹慎選擇，防止心碎

正處於低潮期，可能會遇到不少挫折和困難。應仔細辨別可能出現的誘惑。正準備進入關係的朋友，不要輕易付出真心；有伴者應保持清醒，以免被過多花言巧語蒙蔽判斷力。

第三十二卦 ䷟ 恆卦・雷風恆

事業運

重點提示：堅持得勝，機遇將至

正經歷試煉時期，壓力巨大，甚至想要放棄。但是，目光要長遠，努力終將得到豐厚回報。這一卦也暗示未來可能會有新的機遇出現。只要堅持下去，未來將會充滿光明與希望。問考運，穩住心境，終將勝利。

金錢運

重點提示：創業困難，尋求建議

財運波折不斷，投資理財應走保守且謹慎的路線。在加盟或投資前應仔細分析企業體質和財報，遇到困難和疑惑時，不妨諮詢值得信賴的朋友或專業人士，將對你非常有幫助。

第三十三卦 ䷠ 遯卦・天山遯

愛情運

重點提示：重新學習，自己作主

愛情運低迷，對未來也充滿迷惘。建議保持獨立自主的態度，不要過分依賴他人，或是被他人的意見左右。不妨向朋友諮詢，特別是異性朋友，有望獲得寶貴的建議。

事業運

重點提示：小有波折，共享利益

當前環境可能不適合進行大膽創新或擴張，應專注於現況。強加改變會讓你陷入不必要的麻煩。應著重在提升業務效率與品質上。耐心應對能安然過關。問考運，不利應試，放眼來年。

金錢運

重點提示：找新出路，降低需求

不是追求更多正財的好時機。宜另謀出路。不要投入太多資金在投資上，將會面臨許多波折。需保持冷靜，不要盲目跟風，應選擇風險較低、穩健的投資標的。要有耐心，降低物慾。

愛情運

重點提示：謹慎行事，權衡輕重

可能會遇到困難和障礙。應保持冷靜和謹慎的態度。避免盲目追求對方，需給予彼此空間，讓雙方有時間思考這段關係。只要能保持真誠和耐心，愛情最終會開花結果。

第三十四卦　䷡　大壯卦・雷天大壯

事業運

重點提示：心態改正，慎防小人

今年因誤判而失利，這與虛榮心和過度自信有關。應實事求是，腳踏實地。與人合作或交往時，也要謹慎選擇值得信賴的夥伴，以免合作波折不斷，影響前途發展。問考運，過度大意，前失常，後穩定。

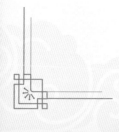

金錢運

重點提示：心急誤事，經營正財

在財運方面，將因過度自信而面臨諸多挑戰，過度心急、不聽勸且過於躁進的行動將爲你帶來嚴重的後果。應將心力放在正財的經營上。切勿期望快速致富，靜待來年轉機較爲適宜。

愛情運

重點提示：過分衝動，避免虛榮

對愛情充滿激情與野心，但也因此變得盲目和不理智。建議在關係中要退一步，保持清醒，避免因虛榮心而做出錯誤選擇。只要保持勇敢和眞誠，就有機會找到眞正適合自己的人。

第三十五卦 ䷢ 晉卦・火地晉

事業運

重點提示：虛懷若谷，相信專業

遭遇重重困難時，應虛心求教。不要盲目自信，以免過分追求成功而忽略潛在風險。此時應專注於累積經驗或多接觸專家與前輩，才能使事業獲得穩健進展。問考運，應虛心求教，突破盲點才可應試得利。

金錢運

重點提示：虛心學習，避免糾紛

容易過度冒險，需虛心學習，留意前人的失敗經驗。若有合夥機會，應多方評估，切勿隨意進場；若已進場，應與合夥對象講好分潤方式。可多到寺廟走走，幫助轉化心情與財運。

愛情運

重點提示：小有波折，深入自我

愛情運正慢慢上升。可能會遇到一些小困難，但只要保持冷靜和從容，一切都能迎刃而解。應學會等待和珍惜，不要因一時的孤獨或焦慮就進入一段關係。建議多花時間了解自己。

第三十六卦 ䷣ 明夷卦・地火明夷

事業運

重點提示：提高警覺，防患未然

此卦代表不適合進行重大變革。與人合作時要特別小心，避免因過分信任而陷入不利的局面。應提升專業，才能判斷是專家還是業餘的建議，以免誤入陷阱，造成困境連連。問考運，外境誘惑多，不利備考。

金錢運

重點提示：放慢腳步，合夥留意

運勢平順，但上半年保守觀望爲宜。現階段時機尚未成熟，不要急於行動。合夥狀況不太穩定，不利於賺取利潤，甚至可能捲入法律糾紛或人際糾紛。可多向經驗豐富的朋友學習。

愛情運

重點提示：留心觀察，小心選擇

在感情上應更加小心謹愼。愛情運不是很穩定，可能會遇到不如意的事情。建議不要輕信外界的言語。選擇愛情夥伴時需保持警惕，不要因外表或瞬間的感覺就做出決定。

第三十七卦 ䷤ 家人卦・風火家人

事業運

重點提示：團隊和諧，前景無限

此卦代表團隊合作將為你的職涯運勢加分。同事之間相處融洽，團隊工作效率極佳。付出能得肯定與回饋，有望獲得晉升或加薪機會。問考運，能因同儕間的互助互惠，讓學習效果加倍，共同取得優異成績。

金錢運

重點提示：財運亨通，謙和有益

正財獲利多，上半年財運旺盛，過往的投資終將開花結果。宜保持冷靜，逐步投資，必能收獲豐厚回報。可考慮投資具保值或升值潛力的物品。偏財運強勁，見好就收。

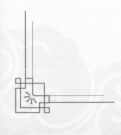

愛情運

重點提示：情感和諧，關係穩定

愛情運上升，正處於和諧美好的時期。單身者不妨向心儀對象表達你的情感；曖昧者能感受到感情逐漸加溫的愉快；有伴者能感受到雙方的愛意，有更多時間和機會去了解彼此。

第三十八卦 ䷥ 睽卦・火澤睽

事業運

重點提示：驕傲誤事，謹慎為宜

此卦代表挑戰、變化多，不能仰仗過去的成功經驗就貿然行事，唯有步步穩固，才能維持成就。需加強與同事和上級的溝通，這能爲你提供更多支持和幫助。問考運，堅定目標，遂能因屹立不搖而得好成果。

金錢運

重點提示：耐心等待，重登巔峰

應將心力保留在累積資金上，而非大舉進軍投資市場，此時並非投資賺錢的最佳時機，建議耐心等待，下半年再出手。需特別注意可能因過於自信而導致判斷失誤，不妨多與專業理財顧問溝通。

愛情運

重點提示：關係停滯，耐心期盼

需暫時停下腳步，耐心等待眞愛到來。可能正值感情的空窗期，但這不代表無法找到愛情。建議不要急躁，應學會享受單身生活，不妨試著提升自己，成爲更好的人。

第三十九卦 ䷦ 蹇卦・水山蹇

事業運

重點提示：暗藏風險，解釋誤會

職場危難多，與人合作時也要提高警覺。在此時期應多加注意自己的言行，避免與同事或上級產生不必要的矛盾和誤會，若有誤會需主動解開，以免造成後患。問考運，心浮氣躁，不利應考。

金錢運

重點提示：支出大增，重新規劃

在財務方面需多加留意，可能會有較多開支與經濟壓力，投資方面不宜過於冒進。建議優先進行財務規劃，合理安排收支。投資運平平，應暫時持觀望態度，等待時機成熟再行動。

愛情運

重點提示：阻礙多端，自我調整

可能會遇到挑戰和困難。不論是單身者或有伴者，愛情運皆暫時處於低迷狀態，應保持冷靜，反思與了解自己眞正想要的是什麼。建議調整生活節奏，學會自我療癒。

第四十卦 ䷧ 解卦・雷水解

事業運

重點提示：把握機運，乘風破浪

此卦代表極好的預兆，將會遇到絕佳的發展機會。過去的努力和付出將得到豐厚的回報，事業將進入新的發展階段，因此要跳槽、換部門皆是合適的時機，事業將會取得巨大的成功。問考運，運氣、實力並濟，取得好成果。

金錢運

重點提示：提升知識，力求表現

正財雖持平，但投資、偏財無法有大筆收穫。建議多學習財經知識，並設法在正職工作上多表現，以便奠定加薪的可能。若曾借人款項，今年有望收回，切忌再借他人錢，以免有去無回。

愛情運

重點提示：嶄新開始，珍惜當下

是好兆頭，即將走出感情的低谷，迎來全新的開始。對處於感情困境中的人來說，只要能夠保持耐心，好運即將來臨；對處在一段關係中的人來說，這是修復和增進感情的好時機。

第四十一卦 ䷨ 損卦．山澤損

事業運

重點提示：調配成本，量入為出

需要重新調配心力，不利於創業。若執意改變，將讓自己壓力遽增，也會影響到每項工作的成效。應集中精力在核心業務上，現在應保持穩健經營，才能在來年走上理想之路。問考運，應重新規劃讀書時間，放眼來年。

金錢運

重點提示：慎防陷阱，財務小心

財務狀況並不樂觀，可能會遇到不誠實的人或投資陷阱。在投資理財方面，應保持冷靜、學會分辨眞假，不要輕信他人，也要懂得適時止損——只要足夠謹愼，便能避免損失。

愛情運

重點提示：面對造謠，保持理智

可能會遭遇小人和謠言的干擾，需保持冷靜和理智。上半年愛情運不穩定，尤其是正値曖昧期的朋友，將出現波折和挑戰，需要足夠的耐心和智慧來應對。有伴者應慎防被小人欺騙。

第四十二卦 ䷩ 益卦・風雷益

事業運

重點提示：主動求變，不畏困難

正處於轉折點，有機會得到跳板，進入更有發展性的公司或經手有利職涯的計畫。當前應積極拓展人脈，主動與業界人士交流，將能因貴人而邁向事業新高度。問考運，能得貴人提點，應試更有把握。

金錢運

重點提示：守住資金，做足準備

宜守住資金，切勿貿然進場。若有經營生意，最好多準備活期現金，以備不時之需。上半年可能會讓你焦躁不安，應強健心態，坐等市場風向轉變，並提升自己的投資理財能力。

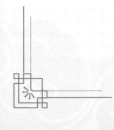

愛情運

重點提示：關係漸穩，從容行事

愛情運逐漸好轉，但仍需保持穩健和理智的態度。單身者不要急於進入一段感情；有伴者應避免因一時的衝動而做出後悔的決定。建議保持平常心，用穩健的態度去經營愛情。

第四十三卦 ䷪ 夬卦・澤天夬

事業運

重點提示：果斷行動，勇往直前

此卦代表機會將至，面對重大決策時，不要猶豫不決，應信任自己的直覺。過去的努力和付出將得到正面回報，事業在下半年有望發展得越來越好。問考運，堅定心志，必能有所成。

金錢運

重點提示：理財有道，好運自來

財運正在上升，應保持自己的判斷，把握住眼前的投資機會，未來的財富將會源源不斷地流向你。可以多聽身邊朋友的建議，但不要盲目跟風，要有獨立思考的能力。

愛情運

重點提示：巧遇轉機，表態真心

即將迎來轉機，無論是單身者還是有伴者，都要保持積極開朗的心態。對單身者來說，有望遇到心儀的對象，應勇敢表達你的情感；對有伴者來說，這是深化感情的好時機。

第四十四卦 ䷫ 姤卦・天風姤

事業運

重點提示：機會短暫，速戰速決

此卦代表眼前的機遇有如曇花一現，錯過難再得。勿因過去的成功而沾沾自喜或過於安逸，只有不斷學習和適應，才能保有競爭力。把握當下，事業前途將更加光明。問考運，把握上半年機運。

金錢運

重點提示：再三觀察，穩健為主

不是進行大膽投資的好時機，需保持冷靜，謹慎行事，制定周密的計畫。可尋求專業人士的幫助，但不要完全依賴別人。穩健的投資理念會讓財富慢慢積累。

愛情運

重點提示：保持清醒，選擇相信

需保持清醒，不要讓猜疑和誤解影響雙方的感情。愛情運穩定，但仍需警惕可能出現的小波折。有伴者要學會信任對方，不要輕易懷疑對方的忠誠；單身者要保持理智，不要盲目追求。

第四十五卦 ䷬ 萃卦．澤地萃

事業運

重點提示：保持原狀，先求穩固

職涯面臨瓶頸，應避免衝動行事。現在不是尋求快速成功的時候，你需要慎重考慮你的職業發展方向，以免做出不利未來發展的選擇。與同事保持良好的關係，將有助突破瓶頸。問考運，沒破釜沉舟的決心，無法達標。

金錢運

重點提示：多方落空，調整作息

上半年財運不算理想。正財方面，雖有望加薪，卻與期望相差甚遠；投資方面，收穫不如預期，過度寄望短線操作將更不利。建議持觀望態度，嘗試調整生活作息，有利於提升財運。

愛情運

重點提示：珍惜當下，勿念過去

正經歷情感低潮或心靈困惑。需認清自己的情感需求。不適合追尋過往或舊愛，應將注意力集中在當下，多花時間在自己或現在的對象身上。建議維護現有的感情。

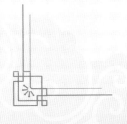

第四十六卦 ䷭ 升卦・地風升

事業運

重點提示：扶搖直上，獲得認可

今年將迎來絕佳時機，可以積極尋找新的發展機會。如果有意換工作或尋求晉升，是時候採取行動了。多擴大社交圈，將有助於職涯發展。問考運，時運正好，努力有成。

金錢運

重點提示：大好時機，財源滾滾

正處在極好的運勢中。正財方面，可成功協調到更好的薪資，或者談到更好的獎金報酬。在投資方面，這是一個適合拓展業務、投資創業的大好時機。財運如日中天，好運連連。

愛情運

重點提示：把握時機，愛情在等你

愛情運處於上升期，有望遇到值得付出情感的對象，或者現有的感情將更加深厚。現在是展開新戀情或改善現有戀情的最佳時機，不要因猶豫或過於保守而錯失良機。

第四十七卦 ䷮ 困卦・澤水困

事業運

重點提示：大膽革新，主動求變

正面臨困境，但這不應該是你止步不前的理由。應尋求他人的幫助，你會發現有許多貴人願意提供協助。建議提升自己的專業知識或習得一技之長，方能提升實力，化危機爲動力。問考運，阻礙多端，來年再戰。

金錢運

重點提示：時機成熟，大膽出擊

投資運相當不錯，可積極跳槽，甚至到海外發展，能賺驛馬財，越變動越有進帳機會。這是大顯身手的好時機，無論是主業還是副業，都有極大的發展空間。可多關注市場動態。

愛情運

重點提示：突破困境，靜待轉機

正經歷困境，可能感覺被困在一段關係中，或者遇到阻礙。切勿灰心，只要有勇氣突破，轉機就在眼前。需保持冷靜，反思自己的需求和態度，找到問題的根本原因。

第四十八卦 ䷯ 井卦・水風井

事業運

重點提示：巧遇良機，保持彈性

選擇多，多方貴人給予機遇。過去的努力將得到回報，事業將進入一個新的階段。不過，新機遇將伴隨更大的挑戰，需要有足夠的自信和勇氣去面對，方能迎來事業新高度。問考運，應考順利，成果可期。

金錢運

重點提示：揮別過去，迎來新生

上半年正財運越來越穩健，若能毛遂自薦，擔任管理職，將有利於薪資調整。投資運漸趨穩當，應把眼光放遠，不可急功近利。房地產方面有不錯的發展機會，可以考慮投資。

愛情運

重點提示：機會上門，把握良機

愛情運正緩緩上升，可能有一段美好的感情即將降臨。有望遇到富有學識內涵且能帶來情感滿足的對象。建議保持開放的態度，不要因過去的經歷而封閉自己。應多注意自己的言行。

第四十九卦　䷰　革卦・澤火革

事業運

重點提示：謹防變革，穩定為上

前途面臨不穩或變革，此時宜保守，勿任意調動。若有需決策的時候，應尋求他人建議，以免惹禍上身。多借鏡前人智慧，方可度過難關。問考運，阻礙多，備考不利，應重新尋求他人提點。

金錢運

重點提示：再三觀察，行善積福

雖有進取之心，但容易誤判情勢。正財方面，若太躁進、直接換工作，可能談不到預期薪資；偏財運方面，雖有進帳機會，但破財機會更多。可多行善積德，爲自己積累福報。

愛情運

重點提示：波折不斷，謹慎抉擇

這是充滿挑戰和機遇的時刻。感情生活正經歷變化，可能是一段感情的結束或新的開始。需謹慎抉擇，不要急於做出決定。建議保持開放的心態，並相信自己的直覺。

第五十卦 ䷱ 鼎卦・火風鼎

事業運

重點提示：保持專注，注意細節

魔鬼藏在細節裡，會遇到一些看似瑣碎、但非常重要的事，不能掉以輕心，以免影響自身信用與評價。應繼續提升自己的專業技能，並且在工作中不斷尋求創新和進步。問考運，注意力渙散，備考困難。

金錢運

重點提示：放下執念，淡泊明志

財運起伏不定，應穩健經營，若渴望更多進帳，恐怕會開始計較得失，反而得花錢消除壓力。理財方面，切勿投入過多資金，應多留活期現金，若已有獲利，應適時收手。

愛情運

重點提示：穩固感情，設定停損

感情關係目前比較穩固，但要謹防過度投入。關係應保持平衡，給予對方空間，同時也要照顧好自己的需求。有伴者感情運相對穩定，毋須過度擔心，但不要忽視感情中的細微變化。

第五十一卦 ䷲ 震卦・震為雷

事業運

重點提示：適時冒險，敢於突破

風險與機會並濟，須有足夠的勇氣和判斷力來把握機會。需要積極主動，任何能夠增加專業經驗的機會都不該錯過，才能在年底有所成就。問考運，需腳踏實地，以免因自信而失利。

金錢運

重點提示：好運當前，錢財滾滾

正財運佳，極有可能因職務調動而年薪升級，或者有望因業績翻倍而收穫比往年更多的進帳。投資運極佳，必須善加把握、合理規劃，方能使財富不斷增加。

愛情運

重點提示：契機降臨，積極把握

現階段是重要的轉折點。可能會遇到足以改變愛情生活的重要人物，或者感情關係即將經歷重大變化。不要害怕面對變化，應謹慎把握機會，勇敢表達自己的感受，嘗試理解對方的需求。

第五十二卦 艮卦．艮為山

事業運

重點提示：穩中求進，志在提升

應穩中求進，進展雖會比較緩慢，但穩健的態度終將取得成功。應提升自己的核心競爭力，才能在下半年度的挑戰中取得絕對優勢，促成晉升機會。問考運，勝中求穩，耐心得成就。

金錢運

重點提示：守住現有，另尋財源

投資運不佳，需要格外謹慎。慎防投機心態，建議守住現有，靜待時機。財運平平，需謹慎行事，避免不必要的損失。若想增加財富，適合利用零碎時間進行開源，付出將有所收穫。

愛情運

重點提示：愛情穩定，謹防冷漠

上半年的感情生活可能處於相對穩定的狀態，但要謹防因過於習慣對方的存在而忽視了相處中的小細節。建議保持溝通，適時表達對對方的愛和感激之情，以便維繫雙方的感情，讓關係持久而幸福。

第五十三卦 ䷴ 漸卦・風山漸

事業運

重點提示：步步為營，著重基礎

正處於新環境或新職位，不宜急於求成，應循序漸進地適應和學習，才能幫助你穩固當前的職位，奠定堅實的基礎。願意從基層做起，才能贏得同事和上司的尊重。問考運，重建學習基礎，放慢前進的腳步。

金錢運

重點提示：穩健理財，慈善積福

偏財運不錯，是積累財富的好時機。應善加利用手頭的資源，透過穩健的投資來獲取收益。財運可期，但需謹慎行事。不妨進行慈善捐贈，幫助需要幫助的人，為自己積累福報。

愛情運

重點提示：愛情漸進，穩健發展

不要急於追求快速進展，而是要專注於建立穩固的感情基礎。有伴者感情運相對平穩，莫急於要求對方改變。應保持信心，感情會漸漸成熟，爲你帶來喜悅和滿足。

第五十四卦 ䷵ 歸妹卦・雷澤歸妹

事業運

重點提示：觀察學習，臥薪嘗膽

即便有很多好的想法和計畫，卻不是適合展現創意的時候。應耐心等待，學習更多知識和技能，雖會有較爲辛苦的漫長歲月，但只要專注在觀察與學習，能在來年獲取成功。問考運，應試當磨練，放眼來年。

金錢運

重點提示：勞心勞力，一切保守

正財方面勞心勞力，卻不見得多勞多得，不妨調整心態，靜待來年轉機。偏財運不盡理想，不宜貿然跟進。不宜與人合夥，若有借他人錢，需寫下借據。應保守再保守，並減低物慾。

愛情運

重點提示：冷靜保守，展望未來

這是需要等待的時刻，不要過於急躁或冒險，建議保持冷靜和耐心。雖然目前感情運不如預期，但不要氣餒，未來仍有希望。不妨提升自己的內在，成爲更吸引人的伴侶。

第五十五卦 豐卦．雷火豐

事業運

重點提示：直球對決，接受挑戰

正處於機遇和挑戰並存的階段，有強烈的進取心能助你取得傑出成果。同時，不要過於急功近利，應不斷調整策略和方法，才能在最終得勝。問考運，應留意細節，以免大意失荊州。

金錢運

重點提示：進帳豐厚，創業適合

財運上升，是創業、投資的好時機。不論是做生意或固定月薪，正財方面有不錯的獲利。接案者可得良好機會，做生意者甚至可增貸做大生意。偏財運極佳，研究過的項目皆可大膽投資。

愛情運

重點提示：過分期待，保守為宜

愛情並非總是如你所願。不宜高估愛情的收益，過於急躁或過度投入可能帶來失望，建議冷靜思考，謹慎抉擇戀愛對象。不要輕信甜言蜜語，要用心觀察對方的行爲和承諾是否一致。

第五十六卦 ䷷ 旅卦・火山旅

事業運

重點提示：提升眼界，增強實力

正處於充滿不確定性和變數的階段，不要輕易冒險，特別是在重大的決策和選擇面前。將學會如何從中避開小人的陷阱，提升自己的軟實力。觀察力強大，事業必能穩固。問考運，需再加強準備。

金錢運

重點提示：充實自我，獲得照顧

正財運普通，勿因沒能談得更多籌碼而灰心喪志，應努力充實自己。偏財運尚可，能獲得來自家人的贊助與照顧。投資運普通，可多認識新朋友，將爲你帶來不錯的小道消息。

愛情運

重點提示：心態穩健，穩定關係

感情運相對穩定，雖不會迅速發展，但這種穩定和持久是值得珍惜的。建議保持耐心，享受愛情旅程中的每一刻。可能會經歷一些小波折，但這些挑戰有助於更深入地了解彼此。

第五十七卦 ䷸ 巽卦・巽為風

事業運

重點提示：避免冒險，等待機遇

此時不是進行重大變革或冒險的好時機。可能會遇到一些誘人的機會，但其中隱藏著風險。

建議穩固現狀，提升專業。不貪求一步登天，才能等到合適的機遇出現。問考運，變數多，應拉長準備期。

金錢運

重點提示：波動偏多，分散經營

在正財經營上可持平，雖無較多獲利，但有望來年加薪。偏財運方面，正處於變動狀態，建議保持靈活的投資策略，勿將所有資金投入單一項目。建議向有經驗的投資者學習。

愛情運

重點提示：愛情漸進，深思熟慮

不要急於尋求愛情的快速進展，應深思熟慮，建立穩固的感情基礎。有伴者感情運相對平穩，毋須急著進入下一階段，建議保持冷靜，享受漸進式發展的過程，這將帶來長期的幸福。

第五十八卦 兌卦・兌為澤

事業運

重點提示：安逸平順，穩中求進

今年雖平穩，但不可掉以輕心。建議提升你的專業技能，多在職場上求取表現的機會，給主管亮眼的印象，才能在未來迎接更好的發展機會。問考運，注意細節，細心可成。

金錢運

重點提示：正財辛苦，漸有收穫

正財運正要轉好，雖然上半年辛苦經營，但下半年將漸入佳境，努力會得到收穫。若學習投資，初期將遇到波折和困難，需保持耐心和堅持。投資方面建議保守行事，不要盲目跟風。

愛情運

重點提示：機會來臨，謹慎選擇

戀愛機會即將來臨，但需謹慎選擇和決策。單身者有望遇到吸引人的愛情機會，應審慎評估對方是否真的合適；有伴者感情運有望上升，要保持彈性，多深入了解對方的想法。

第五十九卦 渙卦・風水渙

事業運

重點提示：不懼困難，永不放棄

前途挑戰多，卻也蘊含豐富機遇。想要改變就必須具備堅忍不拔的精神，吸收新知來保持創新的思維，才能確實將機遇變成履歷上的實績。問考運，多請教師長，準備得宜可成。

金錢運

重點提示：錢景無限，好運延續

正財方面，能得貴人相助，開啟無限商機的進帳機會。偏財運方面，能得到不少小道消息。多學習新知，認識新朋友，能讓好運延續。應多與有經驗之人交流，並保持謙虛。

愛情運

重點提示：拓展視野，長遠規劃

如果你正在尋找新對象，這是拓展見識的好時機，可能有相當多愛情機會正等著你，建議要有長遠的規劃。上半年感情運不錯，要保持開放和積極的態度，迎接新的愛情機會。

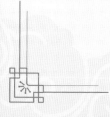

第六十卦 ䷻ 節卦・水澤節

事業運

重點提示：心態調整，謙虛修德

態度是工作順利與否的關鍵，需要保持謙虛和委婉的態度。即使取得好成績，也不應驕傲，以免樹大招風、毀壞名聲。注意修德行善，才能讓人脈成爲你的助力。問考運，心態健全，方能有成。

金錢運

重點提示：財運不穩，切勿投資

正財方面，容易因工作出狀況而導致不穩，應多留意經手的各種文件。偏財運方面，勿聽信朋友推坑而貿然投資，應仔細分析市場情況。財運不佳，需謹愼行事，穩健理財。

愛情運

重點提示：穩步前進，鞏固現狀

感情狀況相對穩定，不要急於追求快速進展，應享受當下的幸福。建議專注於維護和加強現有的感情關係，莫讓不必要的壓力侵入。感情運較爲平穩，要珍惜並感激你所擁有的愛情。

第六十一卦 中孚卦・風澤中孚

事業運

重點提示：前景可期，持盈保泰

現階段穩健，但須制定發展計畫，穩固發展基礎，不妨多與前輩、長官來往，請教發展建議，可得良好方向。若要創業則須再緩緩，待年中過後較有機會可成。問考運，下半年佳。

金錢運

重點提示：財運興旺，好運強旺

財運正好，可在職場上得到提拔、加薪。偏財運非常好，投資方面可積極進取，把握市場的有利時機。可透過投資不動產或靠不動產多賺進幾桶金，甚至有望得到家人贊助或遺產。

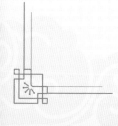

愛情運

重點提示：交給時間，謹慎行事

需要眞心和耐心，不要急於追求戀愛或闖入一段感情關係，應謹愼選擇合適的對象，建立穩定和眞摯的感情。感情運可能會有變化，要以眞心對待愛情，不要被外部壓力左右。

第六十二卦 小過卦・雷山小過

事業運

重點提示：制定計畫，心態積極

事業方面遇到不少阻礙，例如常常大意出錯，以致自找麻煩。上半年是考驗應變能力和耐心的時期，過於急躁將全盤皆輸，應以積極穩健爲主。問考運，應重訂計畫，延長準備。

金錢運

重點提示：面臨困境，從長計議

面臨財務問題或投資困境時，應冷靜思考或向家人求助。宜選擇保守且長期才看得出成果的項目。若有置產規劃，易買到有狀況的物件。若有貸款，可能需要改變還款計畫。

愛情運

重點提示：謙和包容，愛情長久

謙虛和包容是維護感情的關鍵。建議不要太過自我，要傾聽伴侶的聲音，共同解決問題。現在是提升感情的好時機，要以柔軟的心態面對，這將有助於維持和諧和穩定。

第六十三卦 ䷾ 既濟卦・水火既濟

事業運

重點提示：時刻謹慎，親近長官

目前處於轉折點，過去的成功將帶來新機會。可在此階段跟長官保持互動，培養你跟長官的默契，讓長官成為你事業上的靠山助力，有助於布局未來。問考運，得長輩扶助，應試順利。

金錢運

重點提示：閒錢增加，提升觀念

財運穩固，正財有望穩健提升，可從事投資或經營小副業。投資方面宜保守行事。應不斷提升自己的投資能力和理財水準。若是做生意，有望因拓展社交圈而獲取不少賺錢機會。

愛情運

重點提示：長期經營，避免衝動

感情的建立和經營需要時間和耐心。現在是建立深厚感情的好時機，可能有新的感情機會，但要謹慎對待，避免做出後悔的決定。上半年感情運有望增強，要以穩健的方式經營愛情。

第六十四卦 ䷿ 未濟卦・火水未濟

事業運

重點提示：重新學習，尋求建議

遭遇的阻礙主要來自於態度。面對困境，須先學會臣服，此時考驗你的適應能力和學習能力，唯有謙虛求教、勤能補拙，才能把握機會、扭轉困境。問考運，重整心態，再接再厲。

金錢運

重點提示：大展身手，創業可行

偏財運非常好，是大展身手的好時機。在投資和經營方面宜積極進取，但不可過於激進。財運上升，是創業、投資的好時機。建議多與成功人士交流，汲取成功經驗，並保持謙虛的心態。

愛情運

重點提示：謙卑謹慎，珍惜情誼

現在是謙虛對待愛情的時刻，不要過分自信或冒險。應保持謙虛和謹慎的態度，有助於建立穩固的感情基礎。感情運相對平穩，要以眞心對待愛情，這樣才能獲得長久的幸福。

第4章 青龍玄武9＋9格局分析

尋找九宮飛星方位前的優先步驟：找出空間的坐向

想要正確判斷九宮飛星究竟坐落在家中的哪個方位，必要先找到家宅的坐向。古代的人們都是坐擁一戶房，因此若要辨識房子的方位，便是看大門開口向哪，即能依羅盤指示找出家宅的坐向。若是住透天厝或一樓的朋友，可直接以大門口做爲房屋的判斷依據，透過指南針、指北針判斷房屋的坐向。

然而，有許多朋友住在公寓、大廈、集合式住宅，甚至是學校宿舍，不一樣的居住條件使得我們找房子方位的判斷方式也必須重新調整。因此，若不是住在透天厝、一樓的朋友，需要根據以下步驟找出住家或你要布局的空間的眞正坐向，才能知道空間中的方位該如何分配。

首先，先以空間中最大面積的採光面爲基準點，例如家中的客廳陽台才是最大採光面，那就以陽台爲空間的基準點，抑或宿舍房間中最大採光面是窗戶，則以窗戶爲基準點。若空間中沒有窗戶，或是窗戶很小、幾乎沒有採光可言，那就以門口做爲基準點來定位，並以指南針／指北針辨識出基準點是面朝哪個方位，即可找出該空間的坐向。例如基準點是窗戶，以指南針／指北針辨識出窗戶朝東北，那就是坐西南朝東北；若以大門做爲基準點，以指南針／指北針辨識出大門朝北，那就是坐南朝北。

因許多朋友對於如何應用羅盤並不熟悉，所以我特地在本書的互動ＡＰＰ中加入ＡＲ羅盤的設計，只要跟著ＡＰＰ的指示操作，先找出該空間的基準點，即可爲你辨識出空間的坐向，以及九宮飛星坐落的方位。

你可以選擇該空間主要布局的主題是青龍布局，或者是玄武布局，互動式ＡＰＰ都能爲你辨識出布局方位，讓你布局起步順利，迎接美好未來更如意。

多方布局的好處

我因從事命理事業，過去曾經爲許多優秀的企業家或達官顯貴布局風水。然而，在布局風水的過程中，我漸漸發現這門學問其實可以因應時代的不同而有所調整。傳統風水講究地理、方向、環境等要素的和諧，而創意風水學則是在此基礎上加入更多彈性與適應當代生活節奏的創新方法，爲我們的生活空間注入更豐富的能量。

創意風水學再也不是複雜且需要大肆改造格局的技術，只要先了解你眞正需要布局的方位有哪些，並且簡單調整，再結合自然能量，就能輕鬆改變磁場，創造出截然不同的能量氛圍。

風水並非一成不變，風水會隨著時間、空間甚至是空間之中的人的動態而變化。每年度的風水格局都有其特殊的流年變化，若要順應這些運勢與不同的磁場，需要空間中的人逐年度地調整居住或工作的空間，以此打造出最佳能量。例如，某年的流年對於學習有利，透過風水布局，或許就能幫助一個長期在學業上掙扎的學生、考生改善專注力，進而在重要考試中取得佳績，甚至金榜題名。

其實家庭或辦公室都存在著數個能聚氣納福的能量點，而我的創意風水學特別點出這幾個有效的能量點，鼓勵大家在這些點上進行合適的布局，這就好比在多個領地上種下多顆種子，這能增加發芽的機率。例如，有數個原本可能會帶來變動、爭執和不愉悅的能量點，因提前注意到而進行調整，不僅會改變空間中每一個人的感受，連談論的話題也會從原本激烈帶刺的內容變成溫馨勵志的話語，更能讓空間中的所有人一同正向思考，甚至攜手合作，放大雙贏機會，爲個人或團體帶來榮耀與激勵效果。

創意風水學中所提到的內容，並不僅限於傳統風水學所提倡的那些元素。創意風水學認爲，色彩、線條、光源，甚至是個人喜好的物品都能成爲聚氣的媒介。例如，一個愛好音樂的人將喜愛的樂器擺放在創意風水學中提到的某幾個合適位置，就能吸引更多靈感與機遇，並在心理、生活上獲得各種類型的財富。

「多方布局」並非是投資學中提倡的「不要把所有雞蛋放在同一個籃子裡」的觀念，因爲這不是爲了分散風險，而是要在各方面創造成功機會。透過精心設計，我們可以毫不費力地在家中或辦公室的多個方位催旺能量，迎來充滿正能量的環境，這就如同在多個領域進行投資，終將因投資多元而收穫豐厚的回報。

此外，風水其實是一種隱形投資。正如物理投資需要對投資管道有深刻的認識，風水布局亦然。合適的風水布局不僅能增進我們的幸福感，還能爲我們的未來與財富增值——這種增值不僅僅體現在物質財富上，還包括人際關係、事業機會、家庭和諧等。

我曾幫助過無數在事業上遭遇危機的人，他們在創業起步或闖蕩事業的過程中遇到了瓶頸。依照在採用我獨家的創意風水學進行布局後，他們不僅事業有所突破，家庭關係也得到了圓滿。依照我的風水建議而成功翻身的人，都會在辦公室、工作的店內，甚至是家裡多方布局調整，因爲他們深知若想要福地福人居，便要讓自己成爲受空間支持的「福人」，才能因福人而住福地——尤其是預備要晉升主管、甚至已經是管理階層的人，更需要讓自己成爲福人，因爲只有福人才能爲下屬、同事、員工創造更多幸福，只要你身邊的人因你而幸福，他們就會對你信服。

創意風水學不僅是傳統風水智慧的傳承與延續，更是對其進行了現代化的改進與創新。透過靈活多變的布局，我們不僅能改善現有環境，還能在不斷變化的世界中爲自己創造更多成功機會。在這個快節奏、高壓力的現代社會，學習並應用創意風水學絕對能爲我們的生活增添許多幸運和和諧，並且爲未來的成功率先鋪路，引領自己踏上成功之路。

青龍9布局是什麼？

青龍9布局是我爲創意風水學特別獨立出來的創新概念，它跳脫傳統事業所定義的框架，給予每個人在自己的生活和工作領域追求成功和進步的新視角。

青龍9布局在創意風水學中代表的不僅是方位上的吉利旺運，它還象徵個人事業發展的動力和方向，可說是涵蓋了所有人的職業生涯——不論你是一名努力學習的學生、默默苦讀力拚成就的考生、在家工作的自由業者、將操盤作爲事業的操盤手，還是默默經營家庭的主婦，青龍9布局都能爲你指引成功之道。

每個人都應該將事業視爲一種多元化經營的概念，它不僅限於日常工作，更擴展到個人的社交活動、人際關係的建立，以及創造和把握生活中的多元機會。無論是計畫組織一場活動、創建一個團體，或者發展新的業務項目，這些都是青龍9布局能促進和強化的「事業」範疇。

此外，青龍布局的精妙之處在於它能爲個人事業帶來關鍵的加分機會。透過策略性布局，能夠強化個人與貴人的緣分，開拓國際視野和機會，爲想要出國工作、商務出差或希望引進海外資源的人士創造更多可能性。

創意風水學中的青龍9布局，是我以傳統風水中的「九宮飛星」理論作爲基礎，並進一步結合四神的屬性，爲每個人量身訂製布局建議，從而確保任何人都能依據自身的運勢和適合的方位進行最有利的風水布局。

最後，考量到現代職業的多樣性，我將針對幾種常見的事業型態，以問答的形式幫助人們理解爲何要重視並應用青龍布局。不管你是室內工作還是戶外勞動，青龍 9 布局都能爲你指明方向，助你在職業道路上更快更穩地前進。透過這樣的理解與應用，你會發現青龍 9 布局不僅是一種風水布局的技巧，更是一門促進個人成長和成功的生活藝術。

上班地點不固定怎麼辦？

有些朋友的職業需要在不同的地方辦公，不管在哪裡工作，一定會有自己習慣的工作桌、位子等，就連習慣去咖啡廳工作的人，也會有「選位子」的需求——即便位子不固定，也可以選擇有利運勢的位子。

大至辦公專用空間，小至辦公用的桌子，都能是你的事業基地台。你是坐鎮基地台的人，只要巧妙運用基地台，將有助在事業上更有發揮空間，你會成爲被事業支持的主人，而不是爲事業服務的僕人。

辦公地點不固定的人更需要布局，只要依照測算出來的合適方位選擇座位和擺陣布局，就能將每一次坐下來的機會轉變爲提升事業運勢的機會——這樣不僅能夠幫助你更好地掌控自己的事業發展，也能使你在任何時候都保持最佳的工作效率和心態。這種適應流動性工作條件的風水布局策略，不只能讓你成爲被事業支持的主人，更能成爲領域中的王者，從而以更積極的姿態面對工作中的各種挑戰。

在家上班怎麼辦？學生可以布局嗎？

在家工作的人更要認眞布局，讓你的家不僅是事業寶座，同時又是溫馨堡壘。在家工作者，必會有自己的書房、工作室，或者臥房、客廳——任一喜歡的工作角落都可以是事業基地台。建議選定習慣的辦公位置，將更有助於青龍布局幫你「養氣造運」——越常使用的空間，越能跟主人培養更好的默契，有助主人靈感泉湧、心神安定，還能激發無限創造力和執行力，讓你不論進行什麼工作，皆能發揮最佳實力，工作績效不斷提升。

在學或準備應考的人，更需要進行青龍布局，除了有助於在學習成長上增進記憶力，也能幫助你超越以往的成績，讓你在學習過程中保持心情平穩，具備足夠的抗壓力，再難的挑戰都能一一破關。此外，在找尋生涯志向的路上，還能讓你快速錨定方向，爲自己的未來提早鋪路，讓你學涯學習順利，甚至在學涯中早一點起步，比他人更快找到未來之志，助你在還沒出社會之前就因志向明確而提前找到就業機會。對於正在應考的人而言，備考應戰將不再是孤軍奮戰，你的心智將因青龍布局帶給你強大的企圖心與專注力，更有助於抓住應考重點，早一點達成你所期望的目標。

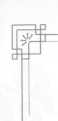

東方（木）

宮位飛星：貪狼星（水）
開運重點：正財運、偏財運、事業運、職場人際
開運五行能量：水行
五行布局：黑色、藍色、水行晶石、魚缸、魚類、水生植物、生肖鼠或生肖豬之圖騰或物件

貪狼星是人緣桃花星，更是財運幸運星！它代表正財與偏財，尤其是業務往來需要人脈帶財脈、財脈不間斷的人，更可活用貪狼星的能量，讓你財富、名利一舉雙收！

屬水的貪狼坐落在屬木的東方，使得吉星能量被洩，造成想要的人緣、財源總是近在咫尺又擦肩而過。因此，只要加強貪狼星的水行能量，就能加強吉星原有的影響，帶來人脈、財脈相生的助力——活用水行能量加強吉星助力，將嘉惠你掌握財福無量的運勢。

☯青龍屬性者

方位重點提示：贏得貴人扶助

青龍屬性的人，布局此方位可讓自己在桃花人緣方面更加蓬勃發展，因青龍屬性的人本身熱愛挑戰困難，若有貴人居中牽線，更能讓你在商場中如魚得水，靠人脈打通無限關係，進而找到新出路。然而，此方位的能量若沒有補足，則會讓你在必要時刻，人脈助力無法發揮作用，離成功永遠有一步之遙。故應加強此方位的布局，讓自己在必要時刻掌握幸運，爲自己贏得勝利。

白虎屬性者

方位重點提示：社交地位提升

白虎屬性的人，布局此方位能讓你的好人緣再上一層樓。靠自己辦事不如靠同事與朋友，只要強強聯手，就能幫助你更快達標，還能助你在長官、大人物面前更具好形象與魅力，讓你走到哪裡都能得到好評。然而，此方位若沒有補足能量，則會讓你在人際往來上遇到閉門羹、拆夥、團隊分家等挫折。若能加強布局此方位，將得到在人際合作上事半功倍的效果，更能讓自己在團體中如魚得水。

朱雀屬性者

方位重點提示：信心大增

朱雀屬性的人，布局此方位能讓你不必刻意討好他人，也能在人群中找到自己的歸屬。人緣本來就不錯的你，若能借助貪狼星的能量，將讓你在各個群體中都能找到屬於自己的位置，並感受到各方的支持，使你更有動力往目標前進，還能感受到滿滿的愛與包容，讓你信心大增。若此方位缺乏能量補足，則會讓你費力證明自我價值，常爲了隊友的選擇煩惱不已。若能加強布局此方位，將讓你輕鬆地在群體中發光發熱，成爲亮點。

玄武屬性者

方位重點提示：快速開竅

玄武屬性的人，布局此方位能得到貪狼星帶來的活潑、聰明與善交際的能量，讓你本身偏木訥與安靜的個性反而活潑了起來，更習慣在有變動、挑戰、與人交際的環境中工作，並且在工作上常有突如其來的幸運，使你原本不喜歡的事情都變得輕鬆而有新意，工作氛圍更讓人舒心。然而，若未布局此方位，將無法打開幸運能量，反而會讓你覺得工作沉悶且繁雜，挑戰多又處處充滿壓力，找不到工作的樂趣與意義。若能加強布局，則能改變自己在職場上的靈活度與活躍度，讓每一件事都能成爲你心中有價值的事。

西方（金）

宮位飛星：廉貞星（土）
開運重點：人和、安全
開運五行能量：金行
五行布局：白色、金色、金行晶石、金屬材質、樂器、金銀首飾、鏡子、生肖猴或生肖雞之圖騰或物件

廉貞星是九星中最大的凶星，將帶來紛擾變動、口角糾紛，嚴重時也會帶來血光。這影響到公司人員的安定，若此方位中的廉貞遭到擾動，會導致員工頻頻出走，造成人才流失，也有可能

導致工作者心神不寧，時常有離職、變動的念頭，甚至造成團隊組織的關係不和睦。

此外，若工作中常常需要接觸尖銳物品，也容易受到廉貞星影響，造成血光、意外等狀況。建議放置金行能量的物件，讓土生金，洩掉凶星能量，就能化解凶星帶來的影響。

青龍屬性者

方位重點提示：減少口角糾紛

青龍屬性的人，向來有野心又樂於挑戰，只要職場運勢穩定，就容易升官加薪。然而，若此方位缺乏布局，則要注意凶星將會爲你帶來外界的挑戰和威脅，例如突然被迫換單位、換上司，甚至調動職務內容，也可能面臨與同事發生嚴重口角的多重考驗，甚至是增加工作上的波折，以致紛擾不斷。同時，你也容易受到凶星驅使而做出過於冒險、衝動的決定，以致後續有糾紛，因此宜穩固此布局，只要讓凶星安定，職場運便能安定。

除了要安置本方位，也建議抽到此方位的青龍屬性者，做重大決定時務必聽取他人的建議，勿擅自下決定，以免一意孤行，最後無人響應。

白虎屬性者

方位重點提示：促進團隊合作愉快

白虎屬性的人，樂於在職場上學習並與人交流，通常能得到不少同事的肯定與支持。然而，今年度若未布局此方位，較容易讓你遇到溝通不良、合作中斷或與合作對象反目的狀況，使原本看似理想的合作最後不歡而散。同時，你也容易受到凶星干擾，在待人處世上缺乏圓融手腕，容易引起失言風波，造成人際嚴重失和。必要加強此方位布局，即使人事狀況充滿波折，最終也能圓滿如意。

此外，抽到此方位的白虎屬性者，與人談論重要事項時，最好選在氣氛更和樂的地方，以免受到凶星影響，讓事情出現突發性的變化，以致結果不圓滿。

☯ 朱雀屬性者

方位重點提示：避開風險紛擾

朱雀屬性的人，通常是團隊中的領導者，總是要為團隊成員調配工作。然而，若此方位缺乏布局，將讓你的團隊成員頻頻離職或變動，導致許多工作因人員變動而必須重擬計畫，使得工作進度嚴重落後，造成對上級、客戶都難以交代的局面，更讓你面臨凡事必須親力親為的窘境，使得工作狀況雪上加霜。同時，你也將受到凶星影響，讓你容易因躁進而忽略細節中的風險，導致文書上的疏失，以致有官司或惹上須賠償的風險。宜趁早布局此方位，讓凶星能量被平息，才能平步青雲。

此外，抽到此方位的朱雀屬性者，建議在工作時播放能量音樂、水晶音樂，能減少負能量干擾思緒，讓你心平氣和，迎接百事好合。

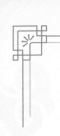

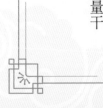

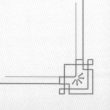

玄武屬性者

方位重點提示：計畫如期完成

玄武屬性的人，向來穩定有原則，能力備受肯定，通常被任命為計畫的執行者。然而，若此方位缺乏布局，將讓你的工作計畫頻頻受到多方人士（例如上級、客戶、同事）的意見干擾，使你無法如期完成工作，還得親自溝通許多不在計畫之中的事項，導致勞心勞力，結果卻不盡如人意。同時，凶星的干擾也會使得原本耐心與細膩度都很高的玄武屬性者變得暴躁，造成溝通上的障礙變多，直接影響工作的信心與專業。因此須主動布局，方可讓職場上陷入膠著的難題迎刃而解，圓滿坐收。

此外，抽到此方位的玄武屬性者，建議在工作前先撥出一小段時間靜心，讓心神平靜，能大幅提升工作效率。

南方（火）

宮位飛星：破軍星（金）
開運重點：偏財運
開運五行能量：土行
五行布局：黃色、土行水晶、泥土、布料、陶瓷、瓷杯碗盤、生肖牛／生肖龍／生肖羊／生肖狗之圖騰或物件

破軍星有雙重特質，同時代表破壞與建設。此外，它還代表「偏財」，只要巧妙布局，就能化解破壞、迎接財運！尤其是從事新創產業、科技產業，甚至有投資新穎項目的人，可特別布局此方位，能讓你自動開財路、財脈更穩固！

屬金的破軍星坐落在屬火的南方，火剋金，代表破軍的招偏財之力遭破壞，更容易因想賺偏財而失利。此外，破軍星帶有凶性，不能貿然催旺，需使用能洩掉方位之火行能量的土行元素，將使象徵偏財、創意、改革的金行能量更穩固，也能加強破軍星帶來的偏財之力。

青龍屬性者

方位重點提示：逆轉絕境

青龍屬性的人，本身具有領先、創新的特質，在事業上經常衝鋒陷陣，在投資方面可能常有大膽冒險之舉。若此方位缺乏布局，可能會在正要突破的時刻遭逢起伏、產生變故。例如打算跳

槽、換部門，或者正在進行新的專案或業務，可能會遇到說好的工作突然泡湯或公司政策改變，使你後續發展不如預期，或者合作夥伴突然撤資，使得原本看好的項目變得岌岌可危。如果適當布局此方位，你將能夠在看似絕境之時反而絕處逢生，吸引更多意想不到的資源和夥伴，讓你在創業或投資的道路上殺出一條血路。

白虎屬性者

方位重點提示：潛能爆發

白虎屬性的人，向來是職場上的明星，因其卓越的組織和策劃能力而廣受讚譽。若此方位缺乏布局，你可能會在關鍵的晉升或項目競爭中失利，被其他原本不如你的對手超越，例如準備坐收成果時，突然發現無法挽回的錯誤，以致被競爭者找到你的弱點進行攻擊，使你錯失黃金晉升機會，或者明明是你擅長的專業領域，卻屢屢在關鍵時刻展現不出才華。若能對此方位進行布局，你的專業能力不但有望得到前所未有的突破，更能獲得外界的認可，使你每一次的競爭都站在有利位置，並成功攀上事業巔峰。

朱雀屬性者

方位重點提示：拓展知名度

朱雀屬性的人，在職場上很能鼓舞士氣，並且勇於嘗試不一樣的挑戰，容易成爲衆人眼中的焦點，甚至形成新潮流。若此方位缺乏布局，則會讓你原先最具優勢的部分反而變成缺陷。例如有長官、同事刻意分派特別棘手的任務給你，讓你推不掉又處理不了，不但影響過去辛苦累積的工作評價，還被迫背上不敬業的罵名，或者你在某些會議上的言論或決策被曲解，使你遭受惡意攻擊，甚至因此失去重要的商機或人脈。如果妥善布局，你將能維護自己的名譽，並得到更多支持者，使你的影響力進一步擴大，成爲公司的風雲人物或行業領袖。

玄武屬性者

方位重點提示：重啟新機運

玄武屬性的人，雖然不是冒險犯難的類型，卻是大家心中的最佳合作人選，也是最値得信賴的夥伴。若此方位缺乏布局，本來有望靠與他人合作而翻身、職等升級的你，將會在本年度屢屢被合夥對象質疑企圖心與用心，這會使得多年的合作遭到阻斷，甚至在一些有牽涉到契約的工作中，出現背黑鍋、迫使你無法履約的狀況，導致先前的合作瞬間如泡影，努力功虧一簣，並對你的信心與機運造成嚴重打擊。若能搶先布局此方位，將能在看似危機的時刻反而發現轉機，不但能與其他機會牽線，更能獲得新貴人的信賴，使你的才能受到重用，從而爲自己樹立不可動搖的地位。

北方（水）

宮位飛星：左輔星（土）
開運重點：正財運、貴人運
開運五行能量：火行
五行布局：紅色、火行晶石、火焰、燈光、燈、燭、生肖蛇或生肖馬之圖騰或物件

左輔星代表「輔佐貴人星」，意思是貴人來相助，是九星中的第一吉星！想要業績早早達標、績效速速提升，就要靠團隊合作的力量助自己早日成功，而且不論要加薪或開財脈，都需要貴人扶持才能得財，因此掌握左輔星就等於有貴人助、財運靠得住！

屬土的左輔星飛入屬水的北方，土剋水，因此會洩去吉星的能量，使貴人助力變得薄弱，不妨使用火行的擺件，以火生土的相生能量，助吉星之力提升，降低水行能量衝破左輔星的影響，讓貴人之力依舊能助你得利。

☯ 青龍屬性者

方位重點提示：吸引貴人助攻

青龍屬性的朋友，有許多新鮮點子有望在工作中實踐，但好點子需要神隊友幫助才能有所成就，例如你龐大的計畫需要資金、人脈或增員來讓你的計畫更順利。若此方位缺乏布局，你將面

臨重要專案缺乏人手支援，以致原本可完美執行的案子必須虎頭蛇尾、草草進行，最終因結果不順遂導致升遷機會拱手讓人。

因此，若加強此布局，將能藉吉星之力讓幫助專案順利進行的人才主動出現，爲你的計畫帶來畫龍點睛的成果，令你因貴人扶助而獲得豐碩成果、好運無限！

☯白虎屬性者

方位重點提示：結識重要權貴

白虎屬性的朋友，能憑著過去的人脈，順利爲自己拉到不少贊助或重要機會，並且透過社交圈結識更多有利前途的新朋友。若未布局此方位，可能會讓你在重要時刻發現原先稱兄道弟的夥伴並不是能助你壯大事業的人脈，甚至有可能因視人不清而賠上金錢或交情。

若加強布局此方位，便能藉左輔星之力，間接爲你帶來有權有勢的重要權貴，甚至是讓你一戰成名的機會，讓你在職涯上再創新高峰。

☯朱雀屬性者

方位重點提示：凝聚隊友默契

朱雀屬性的朋友，常在團隊中擔任大家的心靈支柱，而且常炒熱團隊氣氛，使大家都能合作無間。然而，缺乏布局會讓吉星之力漸漸消退，造成無論再怎麼爲隊友出謀劃策，或者爲團隊爭取更多資源及贊助，皆會因缺乏共識而使努力化為泡影，令你心灰意冷，頻頻萌生退意。

若能把握時機布局此方位，不僅能助長吉星能量，使你的團隊成員都能發揮各自優勢，還能與你強強聯手，讓你因團隊氣勢而成就一番大事！

玄武屬性者

方位重點提示：兌現貴人財脈

玄武屬性的朋友，過去皆能以出色的口碑獲得許多客戶的支持，並因自身使命必達的原則而獲得重要長輩、貴人的賞識。然而，今年吉星方位受到擾動，這將間接影響到原本信賴你的貴人們，可能因你一時的業務疏忽，或者聽信他人的不實言論，使得原本的合作關係崩解，甚至被迫背負合作破局的責任，讓你對自己的能力產生質疑，進而導致自信低落。

若能巧妙布局此處，不僅能讓你遭逢變動時反而得到新的貴人助力，還能因貴人牽線而獲得更多資源，讓你的業績後來居上，成功逆轉局勢。

東北方（土）

宮位飛星：武曲星（金）
開運重點：事業運、正財運
開運五行能量：土行
五行布局：黃色、土行水晶、泥土、布料、陶瓷、瓷杯碗盤、生肖牛／生肖龍／生肖羊／生肖狗之圖騰或物件

武曲星是象徵財富的星曜，也是能嘉惠事業的驛馬星。掌握這顆星的布局，定能讓事業蓬勃發展、飛黃騰達！特別是做生意、創業、從事國際貿易的人，想要業績蒸蒸日上、前途興旺、拓店不斷，必要把握此方位。

屬金的武曲星坐落在屬土的東北方，使得吉星能量得到嘉惠，若能把握原本就屬好的方位，將讓你旺上加旺，不只各方商機、財源源源不斷，還能旺財旺運。

☯ 青龍屬性者

方位重點提示：正財加薪不間斷

青龍屬性的人，布局此方位能讓你的雄心壯志幫實力加成，使你在事業上獲得神助攻。若是從事與人接觸的工作，將能成功拓展更多客源，使你進帳突飛猛進，還能爲自己創造邁向財富自由的機會。

白虎屬性者

方位重點提示：財源伴隨人緣來

白虎屬性的人，布局此方位能讓原本就認識你的人主動爲你帶來更多賺錢商機。白虎屬性者本身的優勢在於人脈寬廣，若能讓人脈都成爲財脈，將讓你賺錢機會不間斷，輕鬆靠老客戶、老朋友拓展更多新客源，爲自己締造加薪不斷的契機。

朱雀屬性者

方位重點提示：名氣魅力帶財源

朱雀屬性的人，布局此方位能讓你原本的優勢成爲進帳的本事，因你本身屬於能靠個人魅力得到合作機會、賺錢機運的類型，若能布局此方位，將提高各方邀約的機率，讓你不再追著機會的尾巴奔走，而是機會有求於你，讓你坐擁絕對優勢。

玄武屬性者

方位重點提示：賺錢商機無限

玄武屬性的人，布局此方位能讓你誠懇可靠的性格成爲最受人欣賞的特質，而且你屬於事來就做、錢來就賺的類型，武曲星帶來的財氣滿盈能量將使你得到許多接案機會，讓你樂於工作與付出的特質找到發揮的機會，並且享受動中得財的成就感，好運不間斷。

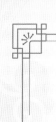

東南方（木）

宮位飛星：巨門星（土）
開運重點：太歲、健康
開運五行能量：金行
五行布局：白色、金色、金行晶石、金屬材質、樂器、金銀首飾、鏡子、生肖猴或生肖雞之圖騰或物件

巨門星飛入東南方，又是今年的太歲方，形成木剋土，凶星的土行能量被此方位的木行能量剋制。然而，太歲方被剋制時，凶性反而更強，而且巨門代表「病符」，巨門在哪，災病就在哪！若空間裡的巨門星正好在用餐區、常有人坐的位置，就容易讓人整年抱病，造成工作效率下滑，或是病從口入，健康亮紅燈。此外，巨門也代表口舌是非，若輕忽此事，人際問題、健康問題都將受影響，因此宜以「土生金」來洩掉凶性，而且金又能剋木，可削弱方位的剋制能量。

☯青龍屬性者

方位重點提示：提升上進動力

青龍屬性的朋友，本身聰明靈活、善於辯論，今年更是受到巨門星的影響變得好辯，若缺乏布局此方位的意識，一來將受到巨門星的病氣影響，二來將受到口舌是非能量影響，個性會變得激進、焦慮，不但影響自身健康，也會連帶引起諸多是非，讓你工作疲勞、內心也煎熬。若能提早布局此方位，反而能將巨門星帶來的好鬥能量轉化爲上進心，使你更能發揮原有的優勢，除了掌握好工作節奏之外，也有助人際方面更加和諧。另外，抽到此方位者，除了風水布局外，可以選擇多多出外走動，並且多戴口罩、勤洗手，少說閒話多做事，減少被不良能量影響的可能性。

白虎屬性者

方位重點提示：創造和諧氛圍

白虎屬性的朋友，喜歡跟同事們交流意見，而且今年受到巨門星的影響，比較容易在群體中太過強勢，給人「暴君」的印象，容易引起他人反感。若加強布局此方位，將能減少凶星能量帶來的干擾，使你本身的領導特質能完美展現，而且更有利於你在團體中得到衆人認同與支持，能因人和而工作順利。另外，抽到此方位者，除了風水布局外，應避開辦公室屬東南方的會議室，或者你的座位就在東南方，應避免在座位上討論，以免討論變爭執，反倒傷了和氣。若不能選擇更好的位子，應與同事們保持適當距離，也可使用氣味清涼又宜人的香氛噴霧，讓空氣清新，減少病氣與是非能量帶來的影響。

朱雀屬性者

方位重點提示：保持心平氣和

朱雀屬性的朋友，在工作時總是活力十足，展現熱血與積極，有時情緒起伏也比較大。今年受到巨門星的影響，在情緒方面會明顯感覺波濤洶湧，與其他同事相處或決議事情時，較容易看見他人的缺失，因而引起團隊糾紛。因此，更要加強布局此方位，能安定心神，不讓情緒左右你的決定，以便做出最正確的決策。另外，抽到此方位者，建議不要常常坐在位子上，可多起身做伸展操、拉筋，避免持續受到巨門星帶來的能量干擾，也能藉此幫助內心更加平靜爽朗。

玄武屬性者

方位重點提示：鞏固內心安全感

玄武屬性的朋友，體質通常較爲健壯，你的健康基礎很好，是所有四神屬性中較能抵禦凶星病氣影響的類型。即便如此，巨門星仍會爲你帶來人事上的波動與影響。例如他人對你的態度會干擾你的決策，內心的安全感會使你頻頻在意自己的表現是否有錯、是否符合他人的期待，因而造成過度焦慮。因此，你必須主動布局此方位，唯有穩固自己的安全感，你的事業才能穩固。另外，抽到此方位者，建議在自己座位以外的地方享用餐點，減少被能量持續影響心神的機率。

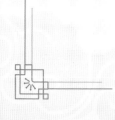

西北方（金）

宮位飛星：文昌星（木）
開運重點：智慧、功名、人際桃花
開運五行能量：水行
五行布局：黑色、藍色、水行晶石、魚缸、魚類、水生植物、生肖鼠或生肖豬之圖騰或物件

文昌星代表聰明才智和功名利祿，想要縱橫考場與商場，可靠文昌星來幫忙。只要掌握文昌星，就能讓你讀書考試事半功倍、創意發想靈感不斷、人際關係聰明應對，事業前途就此圓滿。此外，在文昌星所在的地方辦公，能讓你迅速突破盲點，大大提升效率——想要升官加薪，此宮位必要把握。

然而，今年文昌星飛入的方位是歲破方，使得吉星威力減少，需增強文昌能量，才能借文昌之力達到升官、加薪、人際關係等理想成果。可用水行擺件，讓金生水的能量洩去金行帶來的影響，使文昌能量得以發揮。

☯青龍屬性者

方位重點提示：拓展格局

青龍屬性的人，布局此方位能受到文昌星能量的加持，使你本來就有的野心和獨特視野有了

更廣的格局，在職場上不僅更有幹勁，也將充滿豐沛的靈感與活躍的思考能力。然而，文昌受到飛入的方位的能量影響，使得吉星能量減弱，原本能施展的機謀才智遭到抑制，無法讓實力百分之百發揮。若能加強布局此方位，將有助活絡文昌能量，使你思緒更爲活躍，不僅妙語如珠，還能得到衆人青睞。

白虎屬性者

方位重點提示：提升號召力

白虎屬性的人，布局此方位能讓你原本具備的靈活思考更上一層樓。本來就喜歡團隊合作的你，將更能利用智慧聚攏夥伴與同事，使團隊發揮最強默契，進而提升工作效率。然而，文昌星受到飛入的方位的能量影響，這使得你的號召力會受到影響。若布局此方位，不僅能讓職場影響力提升，成爲團隊中更能掌握話語權與號召力的人，還能有利團隊合作的效率，進而鞏固自己的地位。

朱雀屬性者

方位重點提示：專業度提升

朱雀屬性的人，布局此方位能讓你原本容易急躁而大意的特質得到改善，不只變得更加內斂與成熟，在工作應對上也更爲細膩靈敏，讓你兼具速度與細緻度，成爲長官眼中的優秀人才。然而，文昌星受到飛入的方位的能量影響，容易讓你小聰明氾濫，想抄捷徑但聰明反被聰明誤，反而讓小問題變大狀況，進而影響自己的考評。若布局此方位，能提升你的細膩與沉穩，成為公司中更具競爭力的人才。

☯ 玄武屬性者

方位重點提示：提升靈活度

玄武屬性的人，布局此方位能得到文昌星帶來的靈活聰明能量，讓本來有些固執且不易變動的性格多了幾分彈性，不僅更受人歡迎，也開始懂得用更聰明的方法做事。然而，文昌星受到五行能量的削弱，使得你太容易在細節上鑽牛角尖，不小心就會因太保守而跟同事有磨擦。因此，若布局此方位，將使你的靈活度大大提升，不僅更能找到事半功倍的方法，還能讓你輕鬆從工作堆中快速脫身。

西南方（土）

宮位飛星：右弼星（火）
開運重點：貴人桃花運、家庭感情運
開運五行能量：木行
五行布局：綠色、木行晶石、大地色、木頭、花草、樹木、書本、生肖虎或生肖兔之圖騰或物件

右弼星是喜慶星，也是助星，代表和諧美滿與溫柔助力，如果想要暗貴人與暗財脈，或者想要職場溫馨、人事和樂，都可靠右弼星幫忙！

屬火的右弼星飛臨屬土的西南方，吉星能量因相生而被洩，使得該方位原有的好運能量銳減。可使用木行的擺件，藉以活化右弼星的能量，讓吉星之力越來越強旺。

青龍屬性者

方位重點提示：仰仗貴人競爭順利

青龍屬性的人，在職場上向來以靈活俐落而聞名，更是長官、老闆的愛將，今年度更有望成爲長官心中的提拔人選。然而，該方位若缺乏布局，將在重要的競爭時刻缺乏好運眷顧。例如長官要提名晉升職等的名單時，將使你遭遇阻攔或遇到空降部隊，讓你不是敗給實力而是敗給運氣，只能與大好機會擦身而過，或者你是用人主管，將面臨得力助手的背叛，間接使原本預期的

業務利益蒙受損失。因此，應主動布局此方位，讓原有的好運能如期發生，並且讓商場上的每一個人都有如家人一般給予你溫馨扶助。

白虎屬性者

方位重點提示：團隊合作默契滿分

白虎屬性的人，在職場上往往是大家心中的超級軍師，眾人相當仰賴你的建議，也會因你的組織與協調能力強，時常邀請你加入專案或團隊。然而，若此方位缺乏布局，將使你原本的好差事變成麻煩事。例如原本只是請你當顧問的專案，突然得由你擔任顧問、監督與執行者的多重職位，或者由你督導的專案遭到上級否決，同事們反而開始懷疑你的專業能力，無端產生職場糾紛。因此，應善加布局此方位，讓吉星之力助陣，不僅能在工作中享受團隊合作無間的默契，更能讓你事半功倍，每個專案最後都能順利過關、輕鬆達標。

朱雀屬性者

方位重點提示：貴人力挺評價

朱雀屬性的人，在職場上反應靈敏、多才多藝，而且你能言善道，又具備正義感，使得同事們都愛找你商量事情。若缺乏此布局，容易讓你招致一些流言蜚語，進而影響你的工作機會。例如與你有心結的人到處放送你的私事，使你形象受損，或者有其他以訛傳訛的事件演變成天大的誤會，使你蒙受不白之冤。如果信譽受損，將連帶影響你在長官、客戶面前的評價，使你身陷貴人變小人的危機。若能加強布局此方位，將強化貴人能量，助你在關鍵時刻都有貴人幫你美言，讓你好評不斷，持續得眾人肯定。

玄武屬性者

方位重點提示：獲得長官支持

玄武屬性的人，在職場上是大家最可靠的盟友，而且工作態度相當謹慎，使得跟你合作過的人都對你相當放心。然而，缺乏此布局易招致小人嫉妒、從中作梗。例如有人給你錯誤的工作訊息，誤導你的決定，使你接連出錯，或者有人與你的做事風格不同，卻在長官面前指責你拖慢團隊進度，讓你百口莫辯，工作評價上遭到考驗，這將影響到你升遷的可能性。因此，布局此方位有助吉星之力，讓你需要長官貴人暗中相助時能得到幫助，進而扭轉局勢、靠貴人上位。

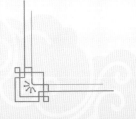

中宮（土）

宮位飛星：祿存星（木）
開運重點：人際關係、以口得名、談判成敗率
開運五行能量：火行
五行布局：紅色、火行晶石、火焰、燈光、燈、燭、生肖蛇或生肖馬之圖騰或物件

祿存星是人緣星，也是一顆是非星，它跟「開口」有關，在人人都有機會「開口引關注」的時代，若能善用它的能量，就能將是非之力轉化為關注之力，帶來聲名大噪、瞬間爆紅等機會！如果你從事的是需要跟人溝通、談判、競爭的工作，或者你是公衆人物、歌手、講者、網紅、直播主，有望因此創造聲量、帶來商機。

屬木的祿存星飛臨方位能量屬土的中宮，木剋土，凶性被方位的土行能量所洩，降低祿存星帶來的負面影響，這使得原本容易造成爭執、糾紛的是非能量降低很多，更有助協調順利，帶來好的合作機會。

在風水布局上，建議以火行擺件催旺能量，形成木、火、土一路相生而不相剋的能量循環，更能完美洩去凶性，讓此方位的財富能量更顯著。

青龍屬性者

方位重點提示：迅速兌現夢想藍圖

青龍屬性的人，原本就具備獨特的魅力和說服力，在這一年將很有機會展現才華，甚至引起衆人的關注。若能加強此方位的布局，每當你在網路上、社群媒體或公開場合發表你的見解時，都有極高機率成爲核心焦點，而且你受到的關注將爲你帶來更多與跨領域、不同身分的人合作的機會。若本身是需要資金、合夥人的青龍屬性者，也將因此找到理想的贊助或合作，迅速兌現你的夢想藍圖。

白虎屬性者

方位重點提示：因專才而得財

白虎屬性的人，原本就在協助公司策劃許多項目，你是企劃背後的重要軍師，因爲任何決策都得仰賴團隊成員的共識。若能加強此方位的布局，將使你的企劃與領導能力更上一層樓，並且讓你每次召開會議或談判條件時，都能因你主動創造氣場優勢而使思路更加清晰，不僅能說出更具說服力的言語，還能使對方迅速表態支持，再也不因觀點不同而爭執不休。此外，也會讓你提出的新計畫更快得到上級的認可，還能獲得外部合作夥伴的一致好評，成爲專業的諮詢專家。

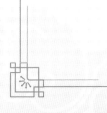

朱雀屬性者

方位重點提示：塑造絕佳風評

朱雀屬性的人，總是充滿活力和創意，在工作上也常啟發身邊的人，帶給大家信心與鼓勵。若能加強布局此方位，將讓你在工作上的專業度、影響力更具權威性。此外，朱雀屬性的人時常是引導團隊走向的人，布局此方位能讓你的引導能力得到大家的讚揚，甚至吸引其他團隊主動加入，爲你的計畫錦上添花。如果你的工作成果需要關注度，將能因布局創造的氣場間接使你的商品、專案等迅速成爲市場上的新寵兒，容易獲得各大媒體的報導和讚譽，讓你在職場或商界更加如魚得水。

玄武屬性者

方位重點提示：靠話語權得實權

玄武屬性的人，在工作上經常與不同對象合作，因此常面臨大量的溝通與磨合。然而，今年若能加強布局此方位，將能讓你在合作上的溝通事半功倍。此外，玄武屬性的人可能得負責跨界合作專案的執行，在面臨需要出馬談判的情況時，你將能藉由此方位帶來的能量，展現你在專業方面的熱情活力與獨到見解，你獨具匠心的策略將讓你在合作上取得意想不到的優勢，並因專業帶來的自信創造強大口碑，甚至爲後續迎來更多合作機會，進而掌握該領域的絕對話語權。

玄武9布局是什麼？

在創意風水學上，玄武布局就是「家運布局」的意思。說到家，就會跟室友、伴侶、家人，甚至鄰居有著密切關連。這是一套不論你身在何處都能使用的布局法，因爲棲身之所是承載我們生活運勢的基礎，我要透過玄武9布局告訴你，這一系列的布局不僅能維繫家的和諧，更是增進健康、促進學習、招財納福的重要策略。玄武代表堅固、穩定，在風水學中象徵保護和安全，因此，玄武布局的目的在於爲居住者創造一個舒適、健康、充滿正能量的家庭環境，長年在家庭關係上有阻礙的朋友必要主動把握，以便爲自己的美好人生增添一絲變幸福的可能性。

家，並不只是一個提供我們休息的地方——家是一個聚寶庫。雖然我常說福地福人居，但家卻是很多人避之唯恐不及的地方，福地一旦無人關照，自然讓人「無福消受」。

家中所有人都可以是嘉惠人生的貴人，帶給我們無盡的啟發、溫暖和滋養，也許未來能成就你事業的關鍵之人就是家人介紹給你的某位朋友，也許未來能與你共度此生的心愛之人就是家人爲你引薦而來的姻緣。玄武布局在這當中扮演著核心角色，只要家庭關係變得更爲和諧，家中的每一個成員就能成爲彼此成功路上的貴人，爲你帶來靈感和機遇。若能活用玄武布局的能量，「家」就能起到穿針引線的功能，串起我們跟愛之間的美好連結，創造更多美好回憶，讓你在經歷人生衝擊與低谷時，那些美好的曾經能成爲療癒你一生的珍貴至寶。

即便你獨居，沒有同住的家人或朋友，家的能量對你的影響依然不容忽視。一個溫馨的家可以讓你在繁忙的生活中找到安寧，確保你的身心得到充分的休息和恢復，讓人生不再流於窮忙，而且會因爲家有好的能量，讓你的生活是一場目標明確、充滿希望和快樂的旅程。

「家」是一個基地台，基地台不只會發散能量，也會吸引能量，例如不喜歡的外人、小人、惡鄰居、管委會之所以常來光顧，或是爲你帶來樁樁件件的麻煩，都跟「家」的能量有關，就連家中常常有血光、擾動、常搬家等情況都可能是家庭能量失衡的反應——這時玄武布局就顯得尤爲重要，它可以調整和平衡家中的能量，化解負面影響，讓你的居住空間眞正成爲支持你的堅強後盾。現在就來動手布局，讓你的家從此成爲生命中的安全港灣和幸福泉源的旺運之地。

住套房能布局嗎？

可以的！這是一個不受限於家中格局的布局法，每一個空間都能在我獨家開發的APP中找出適合布局的方位，即便是2至3坪的套房，那也沒問題——只要簡單擺上適合該方位的物件，時刻注意方位的清潔、打掃，讓該方位常保整潔，一樣能催動旺氣能量，讓好運能量更加穩固，住在該空間的人也會更加健康、光彩，從而獲得成就和自信。

跟他人共用房間能布局嗎？

可以的！有些朋友住在學校宿舍、與家人共用房間，即便沒有自己的單獨空間，仍有你專屬的床鋪和書桌——床鋪、書桌、鄰近走道都可以作爲進行玄武布局的範疇。若布局得當，不只能提高你專屬領域的能量，也有助促進你與共用空間的同學、朋友、家人的和諧，甚至有可能因領地能量好，爲其他同住者帶來嘉惠效應，使對方也間接受到正能量的影響，變得積極、友善，更有助關係的維持。

常出差不在家，布局也有差嗎？

布局是需要時間來造氣養運的，即便你是常出差出國的上班族、去外地就學辦公且周末才回家的學子和勞動族群，只要布局好居家，就能讓你不在家時能量持續運作——不管在外、在家，都能感受到布局帶來的支持與影響。

此外，如果你常更換下榻飯店，你也可以在飯店房間打開本書專屬的ＡＰＰ，找出對應的方位，即刻進行布局，將能讓你出差更安心，不僅一覺好眠、不怕時差，還能更有活力！

這是一款不論在家、在外暫居皆可靈活使用的工具，讓你不論走到哪都能感受到滿滿的保護力與好運之力。

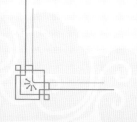

東方（木）

宮位飛星：貪狼星（水）
開運重點：正財運、偏財運、事業運、職場人際
開運五行能量：水行
五行布局：黑色、藍色、水行晶石、魚缸、魚類、水生植物、生肖鼠或生肖豬之圖騰或物件

「貪狼星」是一顆充滿創造力的吉星，不僅限於財運方面，它同樣對人際關係有重要影響，有助於增進與人的互動和家庭關係，使你更容易獲得他人的關注和支持，生活也會更加順遂。

然而，當貪狼星飛臨屬木的東方時，由於水生木，使吉星能量被洩，導致你在家中感到自己的意見被忽視，或者經常被家人拿來當作比較的對象，進而影響你的自信和表現。若能強化貪狼星的水行能量，將有助提升家庭氛圍，促進家人之間的溝通與交流，同時也爲你帶來更多益處。

☯ 青龍屬性者

方位重點提示：開創無限機會

青龍屬性的朋友，擅長表達個人觀點，能夠與不同背景的人建立深刻的互動，不僅豐富了自身經驗和視野，還能拓展社交範圍。若能巧妙布局此方位，將讓你在朋友圈中更受歡迎，進而被邀請參加各種商業活動，並有機會與優秀的名人建立聯繫，擴大視野及人脈，不僅有助於爲未來

鋪路，更有望帶來事業上的新機遇。

此外，這種社交優勢對於副業發展也相當有利，例如親友經常為你提供有關供應商和獨特商品的寶貴訊息，有助於擴展業務，甚至有人會邀請你合夥做生意，充實你的個人經歷，讓你進一步賺取更多財富，使家中經濟更加穩健。

☯白虎屬性者

方位重點提示：深化情感連結

白虎屬性的朋友，擅長組織事務且能制定周詳的計畫。若能巧妙布局此方位，將活化貪狼星的社交能量，進一步強化你的統籌能力，讓你不僅在小型聚會的安排上面面俱到、親友們都滿意且快樂，也能讓每次相聚都充滿期待，同時在對方心中留下極佳的印象——這使你需要規劃大型活動時周遭的朋友都願意提供協助，幫你減輕不少壓力。

☯朱雀屬性者

方位重點提示：擴大影響力

朱雀屬性的朋友，常以真誠和直率的特質為身邊的朋友帶來正能量。若能妥善布局此方位，將能更充分發揮你的熱情，進而吸引到合適的伴侶，甚至激勵對方，讓他更願意與你攜手努力，一起實現共同的目標，例如買房、買車、出國等，享受更高品質的生活。

此外，你活躍的社交能力也爲你帶來成功的契機，使你籌備各類活動時能引起廣泛的關注，讓人不僅樂於爲你介紹新朋友，還會進一步幫你宣傳活動，提高你的聲譽。

玄武屬性者

方位重點提示：激發內在勇氣

玄武屬性的朋友，在處事上總是謹愼且猶豫，若能加強布局此方位，將催旺貪狼星的積極能量，進一步激發你的行動力，使你更勇於表達意見——你將敢於參加各種社團活動和才藝課程，透過這些參與，不僅能提升技藝，還有機會結交優秀的學長姐和長輩，爲未來的職涯和生活技能奠定堅實基礎。

此外，遇到物品不愼遺失或臨時需要人幫忙照顧寵物等情況時，由於你與親友的關係良好，他們將會提供實際支援，使生活更加順心且無憂。

西方（金）

宮位飛星：廉貞星（土）
開運重點：人和、安全
開運五行能量：金行
五行布局：白色、金色、金行晶石、金屬材質、樂器、金銀首飾、鏡子、生肖猴或生肖雞之圖騰或物件

「廉貞星」象徵意外災禍和紛爭，其負面影響不僅限於個人運勢，也可能在家中掀起風暴，導致家庭成員經常發生爭吵，讓家庭處於紛亂的狀態——須格外注意孩童和長輩，以免危害到他們的安全和身心健康。

由於此星是最具威力的凶星，建議強化風水布局，放置金行能量的擺件，有助於化解負面影響，重建和諧的氛圍，使家人們能更愉快地共處，一同營造溫馨的生活環境。

青龍屬性者

方位重點提示：改善家庭氣氛

青龍屬性的朋友，看待事務雖有獨到的見解，但有時有些固執。若忽略布局此方位，當你與室友或家人意見不合時，可能會導致頻繁的口角糾紛，不僅影響到彼此的情誼，嚴重時甚至還會擾亂鄰里和社區的平靜。當矛盾升級到一定程度時，也會使你不得不考慮分開或搬離，導致經濟

負擔增加，心理健康也會受到影響。

因此，建議布局此方位，減少凶星的影響，有助於保持平穩的心境，讓你更加願意聆聽親友的需求和意見，還能透過討論和合作與人維持和樂融融的關係，回到家時也能感受到溫馨和諧的氛圍。

白虎屬性者

方位重點提示：增添生活幫手

白虎屬性的朋友，向來願意接受各種挑戰，積極追求自己的目標。若此方位缺乏布局，可能會遇到一些突發狀況，迫使你必須暫時放下原本的學業或工作計畫，優先處理家中的緊急事件，例如，你規劃前往國外留學，卻因家中長輩突然生病、需要你協助照顧而延期，或者因孩子的健康問題，不得不婉拒出差機會。

透過巧妙的布局，可降低此情況發生的機率，同時也能更多地倚賴親朋好友的幫助，使你能夠更輕鬆地解決問題，不至於孤身一人應對各種挑戰。

朱雀屬性者

方位重點提示：化解潛在危機

朱雀屬性的朋友，向來充滿熱情和活力，但有時會太過衝動，導致做出後悔的決策，例如你可能興奮地購入昂貴的車子或精品，不僅需要支付高昂的費用，還有日後的維護保養費正等著你，此舉為家庭帶來沉重的負擔，導致伴侶對你很不諒解，開始試圖控制你的花費，進而使彼此的關係變得緊張，甚至經常發生激烈爭吵。

因此，布局此方位將有助於更理智和冷靜，能夠傾聽家人的建議，促進更和諧的關係。建議抽到此方位的朱雀屬性者在開車時要時刻保持冷靜，遵守交通規則，以免因衝動駕駛而引發意外事故。

☯ 玄武屬性者

方位重點提示：促進友善交流

玄武屬性的朋友，非常重視身邊的親友，願意默默為對方付出。若此方位缺乏布局，可能會使人誤解你的善意。例如，你因工作無法照顧家中長輩，卻經常用指導的口吻提出照顧建議，可能讓負責照顧的家人感到不滿，因而引發矛盾和不和。同樣地，在與伴侶相處時，有時你不太主動表達關心，讓對方認為你不在乎他，最終導致關係疏遠。

因此，謹慎布局此方位將有助於化解不利影響，讓你更好地維護家庭關係──即使你需要短期出差或出國，親友也會願意幫你顧家、餵養動物，讓你不必擔心。

南方（火）

宮位飛星：破軍星（金）
開運重點：偏財運
開運五行能量：土行
五行布局：黃色、土行水晶、泥土、布料、陶瓷、瓷杯碗盤、生肖牛／生肖龍／生肖羊／生肖狗之圖騰或物件

破軍星擁有吉凶參半的特性，代表生活中的重要轉折和機運，不僅體現在事業發展上，同時也在生活的重大事件中扮演關鍵角色，例如搬遷、家庭成員變動、繼承產業等——這些新變化有助於家庭成員建立更深厚的感情，進而實現互利的共贏局面。

然而，破軍星飛臨屬火的南方，由於火剋金，導致它的正向能量受到影響，容易引發不必要的衝突和爭執，所以建議運用土行的擺件來鞏固平穩的能量，有助於打造更和諧、穩定的家庭氛圍，讓你與家人相處更融洽。

☯ 青龍屬性者

方位重點提示：激發無限潛能

青龍屬性的朋友，向來具有冒險精神，熱衷於邀約身邊的朋友參與各種活動，不僅有助於建立牢固的情誼，還能帶來意想不到的好處。例如，當你看到比賽的消息時，突然決定找朋友合力

撰寫文章或創作一部短影片，透過這些合作，讓你有機會贏得獎金或其他形式的獎勵。

然而，家人有時可能不理解你的想法，擔心你影響工作或學業進度，因而導致爭吵不斷，對你的情緒造成負面影響。因此，布局此方位可說是至關重要，有助化解不必要的紛爭，讓父母支持你的理念，甚至贊助資金，讓你能夠自由追求你的目標。

白虎屬性者

方位重點提示：各方助力加分

白虎屬性的朋友，善於計畫和安排事務，一旦做出決定，通常不容易改變主意，但有時你會因過於自信而不願意接受家人的幫助，導致最後承擔過多而發揮失常——尤其是受到破軍星的影響後，你可能會突然遇到行程撞期或其他緊急狀況，導致你分身乏術，無法應對各項事務。

透過妥善的布局，你可以獲得更多實質的幫助，例如當你感到力不從心時，家人會樂意爲你調整行程，或者幫你代辦重要文件等，使你能夠專注應對更重要的事務，同時也能增進你與家人之間的情誼，建立更深厚的關係。

朱雀屬性者

方位重點提示：驚喜好運連連

朱雀屬性的朋友，對於新奇事物向來充滿熱忱，而這樣的性格經常爲生活帶來樂趣——這不僅體現於自身，同樣也影響家庭生活。若能加強布局此方位，將有助於強化吉星的能量，使這股熱情能夠感染家庭成員，提高家庭凝聚力，而且家人將能爲你帶來源源不斷的驚喜和創意，像是伴侶每次都送上獨一無二的禮物，或者暗中策劃令人驚豔的祕境探險，讓你享受驚喜連連的幸福氛圍。

此外，你也可以透過安排家族活動，促進與遠方親戚的互動，以建立更緊密的聯繫——當你需要前往異地工作或旅遊時，便有信任的人可以提供住宿或協助帶路，讓你更加安心。

玄武屬性者

方位重點提示：智者成為貴人

玄武屬性的朋友，擁有極佳的洞察力，總能觀察到環境中的微妙變化——當家人快要發生爭執時，你能適時地介入，充當明智的和事佬，協助解決糾紛，維持和諧的氛圍。因此，你能獲得許多偏愛，父母會特意爲你帶回喜歡的東西，甚至排隊購買美食來犒賞你，親子之間的互動可說是非常融洽。

若能提前布局此方位，當你感到過度擔心、不安時，家人會主動幫你蒐集情報，例如詢問專業人士關於創業的相關資訊，或者打聽欲合作對象的可靠程度，讓你不容易踩雷。

北方（水）

宮位飛星：左輔星（土）
開運重點：正財運、貴人運
開運五行能量：火行
五行布局：紅色、火行晶石、火焰、燈光、燈、燭、生肖蛇或生肖馬之圖騰或物件

左輔星爲最佳輔佐之吉星，如同你身邊最可靠的親朋好友，能夠在關鍵時刻提供實用的建議，或是及時伸出援手，讓問題迎刃而解，生活更加順心。無論是在外租屋、還是與父母同住，必然會有遇到困難的時候，此時至親好友的協助和支持變得非常重要，能讓你更輕鬆地克服挑戰。當左輔星飛臨屬水的北方時，土剋水的特性會減弱吉星的助力，導致遇到挫折時缺乏周遭親友的幫助，只能靠自己來解決問題，而這也容易讓內心感到更加疲累，難以突破困境。建議運用火行擺件來催旺左輔星，同時降低方位能量的不利影響，營造充滿溫暖和助力的正向環境。

青龍屬性者

方位重點提示：實現自我成就

青龍屬性的朋友，總是充滿雄心壯志，時常對生活保持熱情，並擁有豐富的創造力，喜歡用獨特的方式來應對問題，藉此展現自己獨一無二的價值。若想遇到賞識你的伯樂，與學長姐或師

長建立良好關係變得至關重要，有助於第一時間得知行業內的職缺消息，讓你更容易取得面試、實習的機會，順利獲得理想的工作。

若能善用時機布局此方位，將助長吉星能量，讓周遭夥伴都變成你的神隊友，不僅能發揮各自的優勢，還能攜手追求成功，更容易達成遠大的目標。

白虎屬性者

方位重點提示：分享愛與幸福

白虎屬性的朋友，善於運用卓越的社交技巧和人脈，爲自己爭取許多寶貴的福利，例如免費的公關票或令人嚮往的旅遊機會等——這些好處往往能惠及你的親友，使你能與他們一同體驗各種活動，讓生活更加充實，也增強彼此的情感聯繫。當你需要人手或資源時，親友們也很樂意主動提供協助。

透過巧妙的布局，你將擁有更大的動力去開創更多美好的事物，並與親友一同分享，培養深厚情誼，從而建立更加幸福和樂的關係。

朱雀屬性者

方位重點提示：發揮社交優勢

朱雀屬性的朋友，由於你喜歡與人交流和分享，因此很容易與周遭朋友建立親近的關係，並保持良好的互動。此外，你的熱情和大方也使人樂意與你分享寶貴意見和經驗。在工作場合中，你能夠與同事們腦力激盪，共同討論和籌備專案，最終呈現令主管滿意的內容；正在準備考研究所或國家考試的朋友，能透過共享筆記和資料，讓你在應對考試時更加省心省力。

若能巧妙布局此處，你的社交魅力將發揮到極致，無形中擁有更多與人分享和交流的機會，有望獲得更多有價值的訊息或合作機會。

玄武屬性者

方位重點提示：建立良好聲望

玄武屬性的朋友，擁有忠誠和負責的特質，能夠爲身邊的人帶來安心和信賴感。因此，當你積極爭取機會時，大多能順利取得並表現出色。平時，周遭的朋友都願意與你分享生活中遇到的煩惱和挫折，因爲你總能提供實用的建議，因此在朋友圈中向來是不可或缺的角色，同時也是同事心中的首選合作夥伴。當朋友需要選擇隊員來完成作業或參加比賽時，他們更傾向與你合作。

如果善用此方位，將能不斷擴大你的信譽和影響力，帶來更多表現機會，並且輕鬆獲得他人的支持，助你在各個領域中更上一層樓。

東北方（土）

宮位飛星：武曲星（金）
開運重點：事業運、正財運
開運五行能量：土行
五行布局：黃色、土行水晶、泥土、布料、陶瓷、瓷杯碗盤、生肖牛／生肖龍／生肖羊／生肖狗之圖騰或物件

武曲星主宰事業和財富，是顆大財星，若能善用武曲星的力量，就能無限放大家中的財富能量——原本平淡的經濟狀況將有望轉變爲小康，財務狀況獲得明顯改善！此外，家中的小型企業或生意也能蓬勃發展，從小生意變成大生意，接獲源源不絕的訂單。

屬金的武曲星飛入五行屬土的東北方，能以土生金之力，使吉星能量更加強大，因此更應該妥善布局，讓家中的每位成員都能得到武曲星的嘉惠，帶來更多財富與幸福，迎來繁榮興旺的好光景！

☯ 青龍屬性者

方位重點提示：親友出資創業

青龍屬性的朋友，擁有善於思考的特質，所以總能構思出令人耳目一新的好點子。若能妥善布局此方位，就能讓各路親友紛紛爲你出資又出力，透過資金或實際行動，幫你一圓創業夢——

無論是想要創業或開展斜槓副業，他們將義無反顧地對你伸出援手，給予最大的支持與協助，並且毫不猶豫地投入自己的心力，協助你在創業或副業初期就能打下堅實的基礎，讓你持續開拓更廣闊的事業版圖，打開職涯的嶄新篇章。

白虎屬性者

方位重點提示：學業金榜題名

白虎屬性的朋友，具有敏銳的思維和聰慧的頭腦，若能精心布局此方位，就能活化武曲星的能量，進一步激發你的聰明才智，讓你在學業上的表現鶴立雞群，並且輕鬆獲得各類獎學金，或是取得優異的考試成績。這樣的學業成就不僅能讓家人們爲你感到自豪，也會願意給你更多零用錢，以示對你的嘉勉和鼓勵，並且更全心全意地支持你的課業，讓你未來能在學業上交出更多亮眼的成績單！

朱雀屬性者

方位重點提示：全家幸福出遊

朱雀屬性的朋友，具有熱情洋溢和開朗活潑的特質，若能加強布局此方位，將會讓家人們對你加倍呵護，像是常常邀請你一起探索國內外的旅遊景點，走訪名勝古蹟，讓全家人一同享受豐富多彩的旅遊經歷，創造出許多難忘的回憶。此外，你的親朋好友們若是外出旅遊，他們也會爲你精心挑選特色伴手禮或當地名產，讓你感受到滿滿的小確幸。

☯ 玄武屬性者

方位重點提示：家人幫助圓夢

玄武屬性的朋友，通常以保守踏實著稱，雖然心中充滿不少好點子與想法，但有時會因爲過於謹慎，加上現實的種種考量，不敢踏出實現夢想的第一步。不過，若能用心布局此方位，就能讓家人們感受到你對心愛事物的熱情和努力，他們會樂於提供經濟上的支援，以及感情上的支持，讓你有機會參加感興趣的課外活動或才藝班，進一步拓展自己的技能，而你也能逐漸放下心中的猶豫，勇敢邁向自己的目標。

東南方（木）

宮位飛星：巨門星（土）
開運重點：太歲、健康
開運五行能量：金行
五行布局：白色、金色、金行晶石、金屬材質、樂器、金銀首飾、鏡子、生肖猴或生肖雞之圖騰或物件

巨門星掌管健康與疾病，有「病符星」之稱，而屬土的巨門星飛入屬木的東南方，加上東南

方爲今年的太歲方，故形成木剋土的局勢，但當太歲方受剋制時，反而難以抑制其凶性，會使情況變得更加複雜，所以需要以金行擺件來布局此方位。只要善用土生金的強大能量，就能有效化解巨門星帶來的負面影響，並且創造正能量的氛圍，讓家人們能夠享受安康且順遂的生活，闔家幸福且美滿。

青龍屬性者

方位重點提示：家庭活力滿滿

青龍屬性的朋友，天生喜歡多彩多姿的生活，樂於挑戰各種可能性。若此方位缺乏布局，則容易讓你經營家庭時缺乏動力和熱忱，甚至在處理一成不變的家務時更容易感到疲憊和倦怠。特別是長時間待在家中的青龍屬性的朋友，更應該謹慎地布局此方位，才能讓你的家庭生活常保滿滿的活力和熱情，使你在面對日常瑣事時也能時刻保持耐心，並且更願意爲家庭付出，和家人們一起營造幸福的家庭氛圍。

白虎屬性者

方位重點提示：寵物健康乖巧

白虎屬性的朋友，具有親和友善的特質，而且自帶吸引動物的屬性，因此總是和家中的小寵物們感情特別好，就連路上的小動物們都很容易親近你。若此方位缺乏布局，則會導致小寵物的身體稍有微恙，或是容易出現有點叛逆的性格，比較不聽從指令或訓練。爲了小寵物的健康和幸福著想，應用心布局此方位，化解凶星所帶來的負面能量，不僅能讓小寵物變得更加乖巧，還能時刻精力充沛，願意和你建立更深厚的情感連結，成爲家中不可或缺的一分子，一起度過美好的每一天。

☯ 朱雀屬性者

方位重點提示：家庭生活和諧

朱雀屬性的朋友，有著熱情如火的特質，然而，有時候也會顯得有些衝動，或是情緒上容易大起大落，讓你和家人們常常感到不安和困擾。因此，更應該細心布局此方位，讓朱雀屬性的朋友成爲情緒的主人，以平和的方式和家人進行溝通。同時，也能避免你將工作上的情緒帶回家，讓家中不再有低氣壓，而是時刻洋溢著輕鬆愉快的幸福氛圍。

☯ 玄武屬性者

方位重點提示：以寬厚的態度對待家人

玄武屬性的朋友，擁有異於常人的強大責任感，凡事都要求完美，但有時這份責任感可能會讓玄武屬性的朋友感到壓力重重，有些喘不過氣，你甚至會以這份嚴苛的標準來要求家人，期望他們也能像你一樣出色，像是考取優秀的學校，或是進入知名企業就業等。若是加強布局此方位，可以幫助你淡化對自己和家人的高標準，讓你能以溫和的口吻取代嚴厲的語氣，慢慢地引導家人逐步實現自己的夢想——透過這樣的布局，也能讓你與家人之間的感情變得更加緊密和融洽。

西北方（金）

宮位飛星：文昌星（木）
開運重點：智慧、功名、人際桃花
開運五行能量：水行
五行布局：黑色、藍色、水行晶石、魚缸、魚類、水生植物、生肖鼠或生肖豬之圖騰或物件

文昌星象徵聰明與機智，若想脫穎而出，就必須先從修身齊家做起。只要善用文昌星所帶來的助力，就能讓你融智慧於家庭生活，為家庭策劃明智的方針，帶領家人們一同成長；在外則讓你以智取勝，在各方面都能事半功倍，靠著聰明才智輕鬆闖出屬於自己的一片天。

然而，今年文昌星飛入歲破方，使吉星的能量被大幅削弱，可善用水行擺件布局此方位，讓金生水的能量洩去金行所帶來的負面影響，就能增強文昌能量，讓你以智慧開啟大運，迎接幸福美滿的一年。

青龍屬性者

方位重點提示：創意靈感源源不絕

青龍屬性的人，天生擁有許多與衆不同的思維與觀點，常常給人意外的驚喜，但在吉星能量較弱的情況下，可能會導致這些特質無法得到充分的發揮，若能加強布局此方位，就能爲青龍屬性者帶來更多優勢與助力，例如撰寫論文或報告時家人們能充當你的智囊團，讓你有更多獨特的創意與靈感，不僅能讓指導教授或老師眼睛爲之一亮，頻頻點頭稱讚，還會將你列爲重點栽培對象。在職場上，青龍屬性者也能憑藉和家人討論出來的創意構思，獲得高層的肯定與重視，爲自己的未來鋪路。

白虎屬性者

方位重點提示：精進專業才能

白虎屬性的人，對未知的事物總是抱有滿滿的好奇心，所以會不斷學習和探索，只爲追求新的樂趣和知識。若此方位缺乏布局，則容易讓白虎屬性者逐漸失去學習的動力和熱情，不願意再像從前那樣持續精進自我。因此，若能用心布局此方位，就能讓白虎屬性者擁有更多學習契機，像是親友們會熱心地幫你報名專業技能培訓班，讓你學到更多實用的專業技能，持續充實自己的才華與能力。

此外，上司或老師也會對你傾囊相授，手把手地教導更多知識和專業，爲你的事業或學業發展提供寶貴的指導，讓你能在專業領域上保持熱忱與動力，逐步實現人生的理想藍圖。

朱雀屬性者

方位重點提示：家人的支持與力挺

朱雀屬性的人，向來擁有非凡的勇氣，在家人需要幫助時總是毫不猶豫地挺身而出。若能進一步加強布局此方位，朱雀屬性者的家人將會在各方面都全力支持你，無論是大事情或雞毛蒜皮的小事，家人們都會毫不猶豫地站在你這邊，成爲你最堅強的後盾。

此外，家中的小寵物也能展現出靈性且聰穎的一面，並化身爲你的忠實好夥伴，在你情緒低落時用動物的語言給你滿滿的安慰與支持，成爲你心靈上的依靠，讓你更勇敢地面對生活中的種種挑戰。

玄武屬性者

方位重點提示：輕鬆掌握要點

玄武屬性的人，天生具備對目標的毅力和堅持，能夠爲了理想努力奮鬥。若此方位缺乏布局，則容易使玄武屬性者變得無所適從，像是雖然很勤奮地埋首苦讀，卻難以抓到重點，導致考試成績不盡理想，或是雖然擁有多項專業技能，卻無法找到適合的工作職缺。

因此，需要加強布局此方位，進一步擴大吉星的能量，讓玄武屬性者的努力得到最大程度的發揮，像是在準備考試時能事半功倍，輕鬆掌握考試重點，游刃有餘地應對各種考試，或是求職時能順利找到合適的職缺，實現自己的職場目標，爲自己的事業和生活開啟新篇章。

西南方（土）

宮位飛星：右弼星（火）
開運重點：貴人桃花運、家庭感情運
開運五行能量：木行
五行布局：綠色、木行晶石、大地色、木頭、花草、樹木、書本、生肖虎或生肖兔之圖騰或物件

右弼星是掌管喜慶與婚嫁的吉星，只要善用右弼星的能量，就能凝聚家中的招富引貴磁場，讓家人們成爲你在逆境中的得力助手，並爲你匯集各方貴人的助力，與你共同克服困境，順利翻轉落於下風的局勢，打出一記漂亮的逆轉勝！

屬火的右弼星飛臨屬土的西南方，讓吉星能量因火土相生而有所減弱，可善用木行的擺件布局，幫助增長右弼星的能量，讓你能吸引豐盛的財富和美好的事物，使家中充滿幸福美滿的氛圍，而家人也會成爲你的引路貴人，讓你能勇往直前實現自己的夢想和目標，在人生的旅途中繽紛綻放。

青龍屬性者

方位重點提示：事業愛情兩得意

青龍屬性的人，天生熱愛追求事業上的突破與成就，不喜歡安逸的生活，而這也容易讓青龍屬性者一頭栽在工作中，進而忽略家人和伴侶。

若是事業心比較重的青龍屬性者，更需要謹愼地布局此方位，將能讓你的家人或伴侶更理解你的目標與追求，並貼心地爲你準備便當、添購新衣裳等，讓你擁有一個舒適的生活環境和最穩定的依靠，而且能慢慢地從中學會如何平衡事業與生活——不僅能在事業上迎來更多成就，也能享受到家庭或伴侶所帶來的溫馨與幸福。

白虎屬性者

方位重點提示：生活充滿驚喜與幸福

白虎屬性的人，向來以友善親切的態度和滿滿的活力著稱。若能加強布局此方位，就有助強化吉星的能量，讓白虎屬性者和伴侶或新朋友相處時總能收到對方帶給你的滿滿新鮮感與驚喜，像是伴侶可能會偷偷地在你公司樓下等你下班，讓你幸福感滿分，或是在紀念日精心安排精緻的餐點與行程，讓你度過難忘的一天，這樣的小驚喜和用心也能使你們常保熱戀和新鮮感，不僅能爲你的人際或感情關係帶來更多溫暖和美好時刻，也能讓你的生活洋溢著幸福和喜悅。

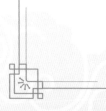

朱雀屬性者

方位重點提示：親友撮合姻緣

朱雀屬性的人，天生心地善良，而且又帶點純真可愛，所以有時候也容易在感情中遭到欺瞞，或是所遇非人。若是加強布局此方位，則能讓家人們成為你在感情路上的得力軍師，並且手把手地教會你如何辨別對象的真心、審視雙方的價值觀與契合度等，讓你的戀情能夠幸福長久。

此外，親朋好友們也會時不時地介紹優秀的好對象給你，甚至暗中撮合你們，讓你能在家人的支持下開啟一段穩固的感情關係，並放心地去愛與享受被愛的滋味，每一天都能過上幸福愉快的生活。

玄武屬性者

方位重點提示：各方至親來助陣

玄武屬性的人，向來具備堅忍不拔的特質，但有時容易缺少貴人為你助陣，導致玄武屬性者必須付出加倍的努力才能有所收穫。若是加強布局此方位，就能讓你家中的兄弟姊妹和你站在同一陣線：當你著手經營副業時，他們會竭盡所能地來幫你，像是介紹客源、向他人推廣等，甚至是親自捧場，成為你的第一批忠實客戶，而且他們也會樂於分享自己的經驗與建議——在至親手足們的大力支持下，你的事業也會更加順利。

中宮（土）

宮位飛星：祿存星（木）
開運重點：人際關係、以口得名、談判成敗率
開運五行能量：火行
五行布局：紅色、火行晶石、火焰、燈光、燈、燭、生肖蛇或生肖馬之圖騰或物件

祿存星象徵「人緣」與「是非」，同時也是家庭和睦的重要基石，只要善用祿存星的力量，就能以溫柔和善的語言或正向的鼓勵話語來凝聚家人間的情感，營造一片歡樂幸福的氛圍，讓全家人的感情好上加好！

屬木的祿存星飛臨方位能量屬土的中宮，在五行上木剋土，所以凶性會被方位的土行能量所洩，降低祿存星所帶來的負面影響——這讓原先容易起衝突的兄弟姊妹們能夠透過彼此磨合及各退一步來降低紛爭發生的機率。在風水布局上，建議以火行擺件催旺能量，形成木、火、土一路相生而不相剋的能量循環，更能完美洩去凶性，讓家運更加暢旺。

☯ 青龍屬性者

方位重點提示：平衡事業與家庭

青龍屬性的人，在社交場合上常常扮演領頭羊或發言人的角色，能促進團隊成員間的交流，

讓大家一起成長。若沒有布局此方位，很有可能導致青龍屬性者無法平衡家庭與工作，家庭關係也容易不睦。不過，只要善用祿存星的力量布局此方位，就能讓你勇於向家人表達想法，與家庭成員建立良好的溝通橋梁，並以尊重、包容的態度一起坐下來討論、協商，共同解決問題、順利達成共識。

白虎屬性者

方位重點提示：坐擁人脈資源

白虎屬性的人，擁有一流的社交手腕，讓你無論是在家中或在外頭闖蕩，都能獲得不少人脈資源。然而，在外與人合租的白虎屬性者，若沒有布局此方位，則會讓你的好人緣逐漸流失。因此，妥善地布局此方位，能讓你找到更合拍的室友，讓你們一拍即合，立刻變成好閨密和好麻吉！此外，當你遇到困難時，室友能從生活夥伴變成你的心靈導師，全心全意地傾聽你的煩惱，幫助你找到問題的盲點，讓你能更清晰地看待事情，並陪伴你一起成長，逐步實現自己的目標。

朱雀屬性者

方位重點提示：讓周遭充滿善意

朱雀屬性的人，臉上時常掛著笑容，讓你有著人見人愛的特質。住在宿舍或有同住家人的朱雀屬性者，最適合布局此方位，能讓你將惡鄰居全部變成好鄰居，原本緊張的關係不僅轉爲融洽，也能時常見到鄰居們來找你串門子，甚至逢年過節就送禮物給你，讓你在家、在外都被照顧得妥妥貼貼！此外，房東或家人們也會因你的友好態度而變得更加關照你，像是為你準備美味的餐點或提供生活用品等，在你情緒低落或身體微恙時也會無條件地照顧你，讓你感受到滿滿的溫暖，能夠無後顧之憂地向前邁進。

☯ 玄武屬性者

方位重點提示：職場美夢成真

玄武屬性的人，向來以踏實穩健的特質著稱，尤其是準備踏入職場的玄武屬性者，更要特別針對此方位布局，讓家成為你的充電補給站，為自己提供源源不絕的安穩能量，幫助你在求職過程中保持自信，讓你在面試時得以發揮百分之百的能力——不僅能收到心儀企業的錄取通知，還能在理想企業中找到展現自己的舞台，逐一實現你的夢想藍圖。

小結 啟動好運賓果連線！

經過前面的測算及對照結果，你已經開始爲布局展開行動了嗎？

當你盡可能地往天生幸運方行動，甚至進行了能爲事業、學業、前途帶來強大助力的青龍布局，以及能爲家運、關係帶來穩定和諧的玄武布局，那就等於啟動了你的好運賓果連線。

一旦布局完成，能量就會被啟動，隨著時間越久，你將越來越能感受到好運賓果連線帶來的能量影響。

如果你還是學生，你將發現讀書學習再也不是一件困難的事情，反而能帶給你信心，甚至從中發現專屬於你的讀書方法——不僅能提升學習效率，還能讓自己在課業、考試上更有收穫。如果你正在求取一份難得的推甄或實習機會，風水布局將成爲你的絕佳助力，能在緊要關頭爲你帶來促進美夢成眞的靈感或貴人助力，讓你實力與幸運並濟，創造美好前途不是夢。

如果你是一位上班族，你將發現職場上原本烏煙瘴氣的一切，在巧妙布局後似乎再也無法影響你，你的專注力將放在如何獲得個人的成功上。那些原先視你為眼中釘的人們，也將因為你替自己設下好運賓果連線而得到的正能量，再也無法對你造成實質性的傷害——你將能愉快地活躍於職場，專注在自己的目標上，成為職場上的亮點。

不論你是上班族、在家工作者、求學者、家庭主婦、待業者或仍在找尋新方向的人，好運賓果連線絕對能協助你跟宇宙好運連線，讓你不斷兌現好運。

在本書誕生之前，我已經搶先幫家裡的晚輩及朋友們的孩子布局，讓他們體驗看看好運賓果連線帶來的能量。

其中一位朋友的孩子學歷很好，之前就讀美國知名學校，後來想回台灣找工作，卻在求職路上遭遇許多磨難，造成他對找工作一事嚴重失去信心，開始變得眼高手低，後來居然在家待業三年，讓父母親既擔憂又不知該如何是好。

我與這位朋友的孩子會面後，請他依照我測算出的好運賓果連線生活看看，也請他往他的天生幸運方多走動、散步——如果去天生幸運方中的圖書館或咖啡廳讀書，請他依照我的建議，找出對應特定方位的位子。這不僅提高了他的讀書效率和專注力，也讓他混亂的心得到了平靜。同時，我也請他在房間進行玄武布局，甚至在居家中多添了不少對應他四神屬性的基礎布局物件，讓他不論外出或在家，都能因好運賓果連線的能量時刻感受到內心安定所帶來的和諧感受。

人安定之後，才有精準的判斷力做出決策。

這位朋友的孩子後來重新再出發，在一家傳產公司踏出好運賓果連線後的第一步，他不但幫公司帶來突破性的改變，甚至協助公司轉型成功，讓公司能與其他產業結合，爲公司帶來豐碩的成果。他的腳步並沒有因此停止，如同他的四神屬性「青龍」，他不斷追尋更好的目標，隨後跳槽到其他公司去，因爲他知道，只要他想要，在好運賓果連線的支持下，一定能幫助他發揮最佳實力，取得更多成功。

我協助布局好運賓果連線的成功案例很多，不論你的四神屬性爲何、對應哪位二十八星宿，你都能因多方布局，爲自己創造更多精彩且有前景的機運。

隨書附贈的牌卡是我爲大家精心設計的布局小巧思，不論是做爲書籤，還是風水布局小擺件，它們都是你居家外出可以隨身攜帶的漂亮好工具。請活用它們，讓它們代替我對你的關懷，不論生活中遭遇何等波折不順，它們都能陪你一同創造、迎來轉機，甚至逐步養氣旺運，迎來順風順水的好運。

你就是風水的核心，你的決定與行動才是開啟好運的眞正關鍵。現在就跟我一起享受好運賓果連線帶來的美好生活吧，祝福你生活在充滿愛與幸福的每一天！

人生顧問507

四神天地魔法書——你專屬的居家辦公風水創意學

作　者—雨揚老師
主力編輯—曾沛清
協力編輯—許璧玉、曾鈺婷
專案顧問—林上淳、廖靜儀
責任編輯—廖宜家
主　編—謝翠鈺
企　劃—陳玟利
美術編輯—李宜芝
封面設計—曾昕葳、楊珮琪
協力美術設計—曾昕葳、魏君燕、林芳葳
協力單位—雨揚文化集團研發中心

董事長—趙政岷
出版者—時報文化出版企業股份有限公司
一〇八〇一九台北市和平西路三段二四〇號七樓
發行專線—(〇二)二三〇六六八四二
讀者服務專線—〇八〇〇二三一七〇五
(〇二)二三〇四七一〇三
讀者服務傳真—(〇二)二三〇四六八五八
郵撥—一九三四四七二四時報文化出版公司
信箱—一〇八九九　台北華江橋郵局第九九信箱

時報悅讀網—http://www.readingtimes.com.tw
法律顧問—理律法律事務所　陳長文律師、李念祖律師
印　刷—華展印刷有限公司
初版一刷—二〇二四年二月二日
定　價—新台幣四五〇元
(缺頁或破損的書，請寄回更換)

時報文化出版公司成立於一九七五年，
並於一九九九年股票上櫃公開發行，於二〇〇八年脫離中時集團非屬旺中，
以「尊重智慧與創意的文化事業」為信念。

四神天地魔法書：你專屬的居家辦公風水創意學 / 雨揚老師作. --
初版. -- 臺北市：時報文化出版企業股份有限公司, 2024.02
面；　公分. -- (人生顧問；507)
ISBN 978-626-374-848-4(平裝)

1.CST: 相宅 2.CST: 堪輿

294.1　　113000020

ISBN 978-626-374-848-4
Printed in Taiwan